[illegible]. Beatriz R. Silva
M. Ester da Silva

Língua Portuguesa, Gramática e Ensino

Adilio Junior de Souza
F. Beatriz R. Silva
M. Ester da Silva

Língua Portuguesa, Gramática e Ensino

Teoria e Prática

Novas Edições Acadêmicas

Imprint
Any brand names and product names mentioned in this book are subject to trademark, brand or patent protection and are trademarks or registered trademarks of their respective holders. The use of brand names, product names, common names, trade names, product descriptions etc. even without a particular marking in this work is in no way to be construed to mean that such names may be regarded as unrestricted in respect of trademark and brand protection legislation and could thus be used by anyone.

Cover image: www.ingimage.com

Publisher:
Novas Edições Acadêmicas
is a trademark of
International Book Market Service Ltd., member of OmniScriptum Publishing Group
17 Meldrum Street, Beau Bassin 71504, Mauritius

ISBN: 978-620-2-03416-6

LÍNGUA PORTUGUESA, GRAMÁTICA E ENSINO

ADILIO JUNIOR DE SOUZA
(ORG.)

NOVAS EDIÇÕES ACADÊMICAS

SUMÁRIO

APRESENTAÇÃO

Os quatro capítulos desta obra são frutos de *trabalhos de conclusão de curso* (TCC), produzidos por quatro discentes do Curso de Letras da Universidade Regional do Cariri (URCA), na Unidade Descentralizada de Campos Sales (UDCS), orientados pelo professor Adilio Junior de Souza (UFPB/URCA), entre os anos de 2015 e 2017.

Língua Portuguesa, Gramática e Ensino é, sem dúvida, uma obra que vem a contribuir significativamente para os estudos sobre a língua materna, sob a rubrica das teorias linguísticas, especialmente as de cunho descritivo-funcionalista. Questões tais como o *preconceito linguístico*, *gramática natural versus gramática teorética*, *ortografia*, *gêneros textuais*, *variação linguística*, *norma culta*, entre outras temáticas são abordadas nos trabalhos, com variados enfoques, desde a perspectiva da gramática tradicional à perspectiva de cunho linguístico descritivo.

No primeiro capítulo, *Questões em torno dos erros ortográficos de português em sala de aula*, Francisca Beatriz Rufino da Silva e Adilio Junior de Souza enfatizam uma abordagem de ensino de Língua Portuguesa, que visa o debate entorno do erro ortográfico em uma perspectiva teórico-prática. Neste sentido, os autores levam os alunos-participantes investigados a perceberem seus próprios "erros", buscando desenvolver habilidades que permitam compreender a norma linguística e os vários usos da língua. O estudo analisa um *corpus* formado por textos obtidos do 8º ano, de uma escola pública municipal de Araripe - CE.

No segundo capítulo, *O preconceito linguístico em sala de aula: o que fazer?*, Ranieli de Alencar Dantas e Adilio Junior de Souza abordam o preconceito linguístico a partir de um *corpus* constituído por redações escritas de alunos do 9º ano, de outra escola pública municipal de Araripe - CE.

Neste estudo, os autores apresentam a definição do seja o *preconceito linguístico*, bem como discutem o conceito de *variação linguística*, observando a situação atual sofrida pelos falantes de variantes estigmatizadas. Nas reflexões trazidas nesse estudo, foi percebido que para a sociolinguística importa que os usos propiciem a interação e que as estruturas linguísticas permitam a comunicação entre os falantes. Portanto, o professor de língua materna deve, por meio do ensino desprovido de preconceitos, discutir a variabilidade da língua.

No terceiro capítulo, *A importância dos gêneros textuais e discursivos nas aulas de língua materna*, Michele Fragoso Martins e Adilio Junior de Souza fazem uma investigação fundamentada em uma revisão bibliográfica sobre o emprego dos *gêneros textuais* e *gêneros do discurso* como ferramentas para o ensino de língua escrita. Os autores partem do pressuposto de que tais gêneros são de suma importância para a aprendizagem e fonte indispensável para compreensão e realização de diversas atividades sociais e culturais. De acordo com os autores, na comunicação, os sujeitos escrevem (e falam) por meio de diferentes *gêneros do discurso*, constituídos de enunciados criados a partir do meio sócio-histórico. Os gêneros textuais mostram-se bastante produtivos para os estudos da linguagem.

E, finalmente, no quarto capítulo, *Preconceito linguístico: um estudo crítico*, Maria Ester da Silva e Adilio Junior de Souza abordam o *preconceito linguístico*, adotando um posicionamento crítico, no qual defendem que o ensino de língua materna deve também se voltar para as questões que envolvem a variabilidade que as línguas apresentam. Partem do pressuposto de que nenhuma língua é homogênea, além disso, toda e qualquer variação linguística serve à comunicação.

Com o propósito de analisar o emprego da linguagem usada pelos falantes da língua portuguesa da região cariri-oeste, observaram alguns fatores que contribuem para o preconceito linguístico, com destaque os fatores: socioeconômico, escolaridade e faixa-etária.

Nas pesquisas em que foram utilizadas produções textuais de alunos, todas as informações apresentadas sobre os informantes/colaboradores, inclusive as identidades destes, foram preservadas, salvaguardando, assim, o sigilo e ética da pesquisa em linguística aplicada.

Prof. Adilio Junior de Souza

Universidade Regional do Cariri (URCA) /Campus de Campos Sales/CE

06 de outubro de 2017

1. QUESTÕES EM TORNO DOS ERROS ORTOGRÁFICOS DE PORTUGUÊS EM SALA DE AULA[1]

Francisca Beatriz Rufino da Silva

Adilio Junior de Souza

1. INTRODUÇÃO

O presente trabalho inscreve-se em abordagens baseadas em fundamentos teóricos sobre o ensino da Língua Portuguesa, demonstrando a mecanização do ensino em um eixo trivial: leitura, escrita, e gramática. Como complemento há uma análise especificando formas simples de correção de erro ortográfico no ensino da língua materna, em uma perspectiva gramatical e linguística.

Por se tratar de um capítulo de revisão bibliográfica, o estudo crítico do mesmo, não é abrangente ou extenso, visto que o assunto é bastante complexo. A pesquisa de revisão tem como aporte teórico Bagno (2013), Possenti (1996), Antunes (2010) Castilho (1988), Silva (2012).

Objetiva-se, com isso, colaborar significativamente com a didática de ensino no dia-a-dia em sala de aula, assimilando teoria e prática, fala e escrita, estudos de gramáticos e linguísticos, afastando qualquer preconceito de variação linguística.

As seções foram organizadas da seguinte forma: na primeira, apresentamos os procedimentos metodológicos que instiga detalhes do

---

[1] Este capítulo é uma revisão do Trabalho de Conclusão de Curso "A importância da correção do *erro ortográfico* no ensino de língua portuguesa", produzido no ano de 2016, no Curso de Letras da Unidade Descentralizada de Campos Sales – UDCS/URCA, orientado pelo professor Adilio Souza.

trabalho, na segunda, o conceito de erro ortográfico observado de outra forma, na terceira o ato da correção do erro, na quarta, análise de *corpus*, de material constituído em sala, e por ultimo as considerações finais na qual contém a apreciação do tema abordado nesse capítulo.

2. PROCEDIMENTOS METODOLÓGICOS

Este trabalho é uma revisão bibliográfica, abordando visões teóricas quanto à importância da correção do "erro" no ensino de língua portuguesa, tratando de forma minuciosa algumas situações do cotidiano no eixo fala e escrita.

Para a compreensão de sua estrutura, antecipamos formalmente que há pesquisas diante de leituras, reflexões e interpretações, fichamentos de livros, buscando informações sobre o assunto, análises acarretando problemas que serão detectados e solucionados da melhor maneira possível, ou mesmo, reflexão de possíveis soluções que amenizem o problema.

Dessa forma as divisões do presente capítulo visa dispor de uma linhagem de pensamentos divergentes, mas com o mesmo objetivo fazer crescer o ensino-aprendizagem.

Diante de um sistema totalmente intocável o professor é a figura que ultrapassa a linha de raciocínio, procurando sistematizar suas aulas a ponto de atingir o aluno naquilo que acha mais conveniente com sua realidade e necessidade intelectual. Por isso, em nossas análises serão destacados problemas simples que aparentemente são fáceis de serem resolvidos.

Para isso, utilizaremos textos escritos por alunos do 8° ano de uma escola pública do ensino fundamental, o primeiro passo será detectar os problemas de escrita que podem ser: fonológicos, morfológicos ou semânticos. Diante disso, o segundo passo é procurar formas simples de correção, sempre levando em consideração que o aluno deve ser visto com bastante sensibilidade, verdade, mas que chegue tudo isso até ele de forma que não venha a constrangê-lo.

Mediante análise concluída, a diante estarão disponíveis ao leitor uma breve conclusão, na qual desfrutaremos da opinião geral deste trabalho, que objetiva colaborar de alguma maneira com o crescimento e desenvolvimento do ensino de língua portuguesa.

Do processo de criação do mesmo, é cabível acrescentar que das leituras feitas e interpretadas, pode-se observar que a língua está em constante modificação e que não há nenhuma língua sem falante. Por isso, faz-se necessário levar em consideração o peso que a fala tem sobre a escrita, reacendendo a variação linguística como algo a ser refletido e respeitado. E o que hoje é considerado erro amanhã pode ser correto.

No entanto, toda comunidade de falante precisa se basear em algo fixo, ressurgindo assim, as gramáticas e seus usos. Valorizando que as normas devem ser mostradas e ensinadas, jamais impostas. Cabe ao falante se posicionar de acordo com suas reais situações, visando uma boa comunicação.

Para incrementar os estudos sobre a Importância da Correção de Erro no Ensino de Língua Portuguesa, obtivemos argumentos, conhecimento e possíveis soluções, através da pesquisa, que farão deste, indispensável fonte de amadurecimento e crescimento.

Como toda produção requer uma linguagem que chegue a tocar o leitor, no nosso trabalho não é diferente, pois utilizamos vocábulos conhecidos, em contextos de possível compreensão, desejando atingir o máximo de entendimento.

De uma maneira geral o aporte teórico usado foi essencial para a construção dos argumentos presentes, incluindo a análise que servirá como desfecho para a finalização do mesmo.

3. O “ERRO ORTOGRÁFICO” OBSERVADO DE OUTRA FORMA

O ensino da língua materna se dá atualmente de forma artificial e inexpressiva com práticas pedagógicas descontextualizadas. Ou seja, não valorizando os elementos da textualidade, que são fundamentais. Essas práticas paralisam os educandos que por achar que a Língua Portuguesa é difícil acaba por muitas vezes desestimulado e consequentemente desistindo. É a razão do nível de evasão escolar, pois, os alunos são surpreendidos com um ensino de repetição, não conseguem formular um raciocínio, ficam de certa forma alienados.

O professor obrigatoriamente segue uma prática de transformar o alunado naquele repetidor incansável. Isso é verdadeiramente um ensino mecânico, porém, pesquisas científicas atuais estão sendo engajadas aos poucos na educação para que a mudança venha a acontecer. A inclusão de programas educativos, através das instituições governamentais como exemplo: Sistema de Avaliação da Educação Básica (SAEB), Programa Nacional do Livro Didático (PNLD).

A mecanização da escrita é uma questão bastante evidente, pois a reprodução dos sinais gráficos e o uso correto das regras ortográficas são considerados essenciais. Vale ressaltar que a escrita é uma linguagem comunicativa e, portanto, faz-se necessário que haja fundamento, tudo que for produzido precisa ser bem construído, corrigido e organizado logicamente.

A linguagem escrita pode ainda ser marcada como uma forma concreta de registrar algo, de expor uma expressão. Ou seja, coerentemente a escrita deve ser eficiente no papel de mostrar, demonstrar ou caracterizar. Normalmente não é o que está acontecendo na educação em relação à escrita, pois a mesma está aprisionada às formas de uso, em frases soltas e exercícios desvinculados a qualquer contexto comunicativo. Uma linguagem vazia desligada do mundo, tornando-se uma prática improvisada, sem planejamento.

O ensino de Língua Portuguesa requer bastantes cuidados, metodologia, enfim toda uma pedagogia própria para os educandos. Um dos fatores necessários para aprender a escrita da língua materna é o erro. O que vem a ser o erro dentro de uma perspectiva linguística é exatamente valorizar o eixo fala, ou seja, não há preconceito linguístico quanto ao uso das expressões, sejam elas de prestígio ou não.

Entretanto, os gramáticos especificam que se faltou letras ou a pronúncia se distorceu da escrita denotativa é considerada erro. "A noção mais corrente de erro é a que decorre da gramática normativa: é erro tudo aquilo que foge à variedade que foi eleita como exemplo de boa linguagem." (POSSENTI, 1996, p. 78).

Partindo desse pressuposto compreendemos que os erros são advindos dos estudos da gramática, tendo como foco a norma padrão, por usufruir de uma beleza clara e também organizada, portanto fugindo a isso se considera erro.

Segundo Castilho (1988, p.54) a visão de erro é consideravelmente popular na linguagem de professores do fundamental: "A norma culta representa o português correto; tudo o que foge à norma representa um erro".

Tudo isso implica a forma como o educador faz suas intervenções, pois à medida que se utiliza do conceito acima pode causar traumas no educando. Ou seja, não há necessidade de fugir das regras, mas procurar uma forma diferente de reforça-los colocando- as aos poucos de acordo com suas realidades.

Existem alguns fatores que abordaremos sobre a questão do fracasso atual no ensino aprendizagem da língua materna são: uma prática mecânica e memorização pura de regras ortográficas. Isto significa que atualmente ainda prevalece um ensino meramente repetitivo no qual os alunos são praticamente repetidores de coisas já criadas, textos, frases, deixando de lado a oportunidade de expressar, criar e desenvolver. Além disso, continuam a ouvir e serem obrigados a fixar todos os conteúdos programados. Com essas atitudes ignoram o desempenho dos alunos paralisando-os quanto à criatividade. Antunes (2010, p. 26) diz que:

> A prática de uma escrita mecânica e periférica, centrada, inicialmente nas habilidades motoras de produzir sinais gráficos e mais adiante, na memorização pura e simples de regras ortográficas: para muita gente, não saber escrever ainda equivale a escrever com erros de ortografia.

No trecho acima a autora discorre sobre as duas formas possíveis de ver o erro. De acordo com a norma culta equivale ao erro uma escrita ortograficamente diferente dos dicionários e gramáticas. Já para a linguística pode ser considerado erro a falta de compreensão ou o não entendimento que determinada mensagem queira passar.

De forma simplificada percebemos que os erros mais frequentes são os ortográficos, contrariando a gramática descritiva que defende: "Na gramática descritiva, só seria erro a ocorrência de formas ou construções que não fazem parte, de maneira sistemática, de nenhuma das variantes de uma língua" (POSSENTI, 1996, p.79).

Por exemplo, construções como "os menino" não está feito a concordância, porém não foge as variantes da língua. Quanto ao uso padrão é um erro drástico e precisaria ser corrigido de forma imediata. Neste trabalho não adentraremos detalhadamente com a gramática descritiva, mas cabe ressaltar seu significado segundo Possenti (1996, p. 65):

> [...] conjunto de regras que são seguidas — é a que orienta o trabalho, dos linguistas, cuja preocupação é descrever e/ou explicar as línguas tais como elas são faladas. Neste tipo de trabalho, a preocupação central é tornar conhecidas, de forma explícita, as regras de fato utilizadas pelos falantes — daí a expressão "regras que são seguidas".

Ou seja, seu foco é a fala e as diferenças linguísticas, enquanto a gramática normativa segue determinadamente as regras de falar e escrever corretamente.

No decorrer das entrelinhas serão abordados exemplos que assumem a linhagem de gramática normativa, para isso se faz necessário refletir: “Toda língua viva exibe uma gramática sempre emergente, em constante processo de atualização” (BAGNO, 2013, p. 111).

São muitos os fatores que fazem do ensino de língua portuguesa uma reflexão crítica e que pode se modificar gradualmente, pois toda língua ao longo do tempo sofre mudanças quanto a formas de conceituar coisas ou situações.

Quanto ao dia a dia em sala de aula o professor se depara com inúmeros casos que podem ser considerados erro e é neste momento que se deve utilizar de métodos diferentes para fazer a correção necessária e da forma certa para que não haja um travamento por parte do aluno.

Na verdade há um conjunto de situações como: o cotidiano dessa criança, o lado social, econômico e religioso tudo isso interfere no desenvolvimento do aluno. A sua formação de leitura escrita e compreensão se baseia nessas condições que podem ser favoráveis ou não ao aprendizado. “Assim, só podemos imaginar um ensino de língua relevante e honesto se ele trouxer para dentro da sala de aula a realidade viva e dinâmica da língua” (BAGNO, 2013, p. 312).

Comprovamos no trecho acima quão importante é a realidade diária de sala de aula e como há grandes diferenças entre uma turma e outra, tudo isso deve ser bem analisado, haja vista que dentro de um mesmo contexto de fala sempre haverá diferenças.

Para ensinar língua portuguesa e vencer seus desafios, faz-se necessário uma bagagem de multiplicidades, visto que nosso país é bastante variado não só em etnias, mas de uma maneira geral na sua organização social, cultural etc.

Diante dos estudos refletidos até o presente momento podemos destacar que o conceito de erros, no ensino de língua portuguesa é mais uma variante. Isso significa que inúmeros teóricos já estudaram e discordaram sobre isso, também muitos dividiam as mesmas ideias.

O que fica bastante claro, é que devido a tantas pesquisas o mais óbvio ou a melhor maneira de retratar este assunto, é assimilar os usos a gramática normativa, através de buscas constantes aprofundando sobre o tema. Não se pode esquecer o trabalho de tantos, mas fixar que o preconceito linguístico deve ser abolido, enquanto o erro deve ser sempre explicado e compreendido.

Percebemos que o erro sempre existirá, pois jamais a escrita pode ser perfeita, no entanto haverá maneiras de correção diversificada que farão dos mesmos uma forma didática para um bom ensino-aprendizagem, faz-se necessário que educadores e inovadores busquem sempre uma fonte de pesquisa de ações que visem o crescimento da escrita.

Quanto ao eixo fala, requer menos preconceito, mais compreensão e também um cuidado maior para se policiar seguindo o pensamento que existem determinados locais que exigem determinadas adequações.

Dos recursos utilizados como aprofundamento a grande maioria observa o ensino de língua como algo satisfatório, mas em constante transformação e que por ser oriunda de outra língua as lapidações serão sempre insuficientes. Detalhadamente o ensino dar-se seguindo algumas regras sem as quais ficaria difícil chegar a uma escrita desenvolvida.

Os conceitos de erros, as formas de correção, a compreensão do uso, o não preconceito, são feitos lentamente de forma simples, porém no decorrer do tempo algumas coisa se fixarão, enquanto outras serão extintas da língua. E a aprendizagem se dará, por alguns com mais facilidade e por outros com um grau maior de dificuldade, alguns o dia-a-dia será um forte aliado e para outros as questões diárias servirão como má influência para o empobrecimento do conhecimento.

4. O ATO DA CORREÇÃO

Compreendemos por correção o ato de corrigir segundo o dicionário de Língua Portuguesa, Ferreira, (2011): "Cor.ri.gir verbo trans. Dir.1. Dar forma correta a, emendando. 2. Eliminar (erro, deficiência, etc.). 3. Reparar (injustiça, etc.). 4. Castigar. Pronominal 5. Emendar-se.[Conjugação: dirigir.]".

Refletindo com o trecho acima, percebemos que a noção de correção se refere à eliminação de fatores distorcidos da forma real, valorizando assim a norma padrão da língua.

No ensino de Língua Portuguesa, isto é bastante relevante, pois a todo o momento em sala de aula o professor se encontra com realidades diversas, nas quais precisa utilizar habilidades e formas adequadas para fazer uma correção simples, mas significativa.

Podemos pensar em inúmeras situações e adentrarmos com exemplos simples que podem acarretar a realidade dos estudantes. O fato da escrita de determinadas palavras com o uso de ss, ç, xc, (sessão, seção, excesso) por exemplo são erros frequentes na escrita e que somente poderão ser abolidos dos textos quando for incluído o uso de dicionários, gramáticas ou a prática no dia a dia.

Esta última com um grau de responsabilidade maior através da figura do professor por meio de produções, leituras e releituras fazendo de forma clara a correção.

Vale ressaltar que somente livros didáticos e gramáticas são insuficientes para se obter uma correção, há necessidade de explicação do porquê de determinado erro e como consertá-lo.

> A tradição escolar construiu uma metodologia de trabalho em que o estudo da estruturação sintática foi sempre substituído por uma atitude legislativa sobre os modos de dizer. No entanto, a trajetória de um processo de ensino que segue titubeante entre as possibilidades de erro ou acerto – sendo esta a menos provável -, por conseguinte desfoca-se o objeto de estudo – que seriam os fatos e fenômenos sintáticos – dando lugar a uma verdadeira "caça as bruxas". Essa atitude se bastava com a demarcação

> de usos incorretos sem que, no entanto, explicasse por que estava errado e como o erro poderia ser consertado (SILVA, 2012, p. 123).

Diante desta abordagem reforçamos a importância de usufruir dos exemplos simples do cotidiano após diagnosticar a deficiência, fazendo intervenções apropriadas. Mesmo porque numa visão linguística não temos total certeza do que é certo, mas estamos inseridos em um contexto educacional que vincula o acerto ao conhecimento da norma padrão.

Outra possibilidade é o fato de termos sidos educados a resolver problemas de acordo com as preferências dos professores, utilizando respostas iguais enquanto poderíamos chegar à solução por caminhos mais simples e rápido, claro, sendo mais criativos.

Uma forma mais eficaz seria desafiá-los com alguns estímulos, porém subsidiando-os com orientações e não com respostas prontas. Isso despertaria nos educandos o desejo de aprender buscar e realizar. Fazer do material dado uma fonte de especulação para que eles possam por si mesmos formular conceitos, isto é, aprender.

O fato de problematizar gera conflitos essenciais para a busca, por exemplo: por que letras diferentes possuem o mesmo som, enquanto a mesma letra pode produzir sons diferentes? Ou uma simples mudança de vírgula causa sentidos diferenciados, ambíguos, são coisas simples que podem instiga-los à curiosidade.

A aprendizagem se dá quando há provocação e intenção de atingir determinados conceitos, seja sobre qualquer temática escolhida, pois quando se aprende para dar um resultado de uma atividade proposta seguindo à risca o método de repetir o professor se torna mera memorização. Entretanto, quando há uma aprendizagem significativa observamos o desenvolvimento de habilidades e competências, construção do próprio conhecimento através de reflexão, autonomia.

A correção do erro é válida e necessária desde que não prejudique o fluxo comunicacional, pode ser vista por dois pontos, um negativo, outro positivo. No primeiro é aquela correção que se dá de forma imediata sem pensar, espontaneamente, através de repetições individuais e coletivas, sem respeitar que no futuro certamente o conhecimento chegaria sem frustração, desencadeando no aluno um sentimento de inutilidade e de incompetência. É preciso organizar as palavras adequando-as ao contexto de forma clara.

Enquanto o positivo instigaria o aluno a reformular, eliminando o erro com outros vocábulos mais adequados a determinados textos e contextos.

> a) a correção não deve ser ambígua (o que precisa ser mudado, na opinião do professor, deve estar bem especificado); b) os erros devem ser reagrupados e catalogados (uma forma de se proceder à classificação dos erros, especificando seu tipo); c) o aluno deve ser estimulado a rever as correções feitas, compreendê-las e trabalhar sobre elas (a concepção de que escrever é um processo contínuo que envolve reescrituras deve ser enfatizada entre os alunos); d) devem-se corrigir poucos erros em cada texto (evitar abordar muitos pontos que necessitam de reparos ao mesmo tempo, porque essa atitude pode desestimular o aluno-escritor); e) o professor deve estar predisposto a aceitar o texto do aluno (deve ter uma postura receptiva, sem preconceitos em relação ao tema, à linguagem, ao estilo etc. escolhidos pelo aluno); e f) a correção deve ser adequada à capacidade do aluno (apontar apenas pontos que o aluno tem maturidade para corrigir) (SERAFINI, 1989, p. 108-112).

Sendo abordados com as exposições acima, o aluno se sentirá mais confiante e valorizado para produzir sem medo, porém com um olhar mais observador e crítico, e o professor estará cada vez mais habilitado para usufruir de correções diversas e apropriada, levando em consideração as regras pragmáticas e discursivas que envolvem a comunicação.

O professor como profissional da educação deve considerar todo um conjunto para o ato da correção, pois está em suas palavras e atitudes o despertar para a curiosidade e desenvolvimento do conhecimento da língua materna ou o desestímulo do educando.

Como diz Perrenoud (2000) qualquer pessoa tem direito ao erro para se chegar a uma evolução, à medida que erra há mais reflexão em cima do problema e consequentemente se pensará em formas de resolução variadas.

Os erros escolares já foram constatados desde séculos passados e hoje devem ser tratados de uma maneira diferenciada, entre eles estão erros fonéticos, morfológicos e acentuação gráfica etc.

Todas essas situações são advindas do uso da linguagem que é adquirida pelo aluno na escola, o paralelo no dia-a-dia fora dela.

Podemos considerar que esses fatores podem ser os responsáveis por esses desvios da norma padrão. Cabe ao professor orientar o aluno quanto ao uso da linguagem em suas formas variadas e adequadas às determinadas situações.

As dificuldades na escrita quanto à forma ortográfica vêm desde criança à fase adulta. Concordando com Cagliari (2005) dar-se lentamente, requer muito contato com a escrita, o que interfere bastante nesta aprendizagem é a influência da fala na escrita e a falta de intimidade com a norma padrão.

O estudo da língua não difere das realidades dos outros estudos, está aliado a uma rotulação daquilo que é considerado "certo" ou "errado". Assim faz-se necessário que professores compreendam o quão forte é esta temática no âmbito social, impregnado na cultura e nos diversos discursos de muitos. Para Bagno (2013, p. 65):

> Os gramáticos alexandrinos, ao incorrer nessa "falácia clássica", também lançaram as sementes do preconceito linguístico, conjunto de mitos e superstições sobre a (s) língua (s) e seus falantes, que frutificou com fartura por toda a história do Ocidente, chegando praticamente intacto aos dias de hoje, quando a maioria das pessoas acredita piamente que existe um modo "certo" e um modo "errado" de falar a língua, que as pessoas sem instrução formal "falam tudo errado", que existe "algum lugar no passado" onde a língua foi falada e escrita "corretamente", que a língua falada não tem regras e que "só a escrita tem gramática" e por aí vai...

Tudo isso é engano, não podemos concluir que a fala seja errada em momento algum, pois o elo comunicacional é o que realmente interessa. Também convenhamos que não se possa provar que no passado um povo utilizou a fala de forma perfeita, como também atualmente é inadmissível o fato de que pessoas comuns de pouco estudo somente se pronunciem de "forma errada".

Há outro fator de suma importância para refletirmos, a língua escrita na verdade é uma análise da falada, com isso, podemos concluir que pessoas com baixa escolaridade sempre tentará acertar seguindo à risca assimilações de som com a letra e muitas vezes acabam escrevendo ortograficamente errado por causa dessas semelhanças dos mesmos sons de letras diferentes.

> Também é preciso estar ciente de que não é a escrita que determina a fala, mas exatamente o contrário: para tentar registrar a língua falada é que surgiu a escrita. E não há nada na escrita que faça dela uma entidade supostamente mais importante e mais organizada do que a língua falada. Essa suposta importância é fruto exclusivo de fenômenos socioculturais e político-ideológicos relacionado à natureza grafocêntrica das sociedades ocidentais. (BAGNO, 2013, p. 90)

Portanto, a ênfase dada à língua escrita com superioridade é mero vestígio de um passado composto por uma sociedade totalmente diferente, com visão diferenciada que supervalorizava critérios ultrapassados do termo gramatical e linguístico.

A verdade é que a língua estará constantemente em transformação à medida que se modifica através dos falantes, e por isso, a quantidade e qualidade de erros vão surgindo e desaparecendo seguindo o ritmo da comunidade de seus usuários.

> É considerado erro tudo aquilo que não pertence às variedades urbanas de prestígio. Infelizmente, não podemos deixar de reconhecer que, numa sociedade muito hierarquizada como a brasileira e extremamente desigual no tocante à distribuição de bens materiais, culturais e sociais, são as elites urbanas mais letradas que ditam o que é certo ou errado, não só em termo de língua, mas em todos os comportamentos, crenças, gostos etc. (BAGNO, 2013, p. 251).

Essa afirmativa somente vem para sustentar algo que está entrelaçado há décadas na sociedade, cuja elite sempre esteve e permanecerá à frente das decisões maiores inclusive no que se refere à língua.

5. ANÁLISE DE *CORPUS*

Para a composição da nossa análise de *corpus* foram escolhidos três textos dentre os quatorzes, sendo dois deles uma produção instigada para escrever sobre o gênero que mais gostam, destacando logo no início um breve resumo interpretativo.

A análise crítica e de correção ortográfica, foi colhida em uma escola pública, sala de ensino fundamental da turma de 8º ano, na qual o aluno faz uma breve síntese de um texto lido pelo professor. Ou seja, é uma produção escrita sobre um determinado contexto de interpretação. O texto utilizado pelo professor foi um poema de Patativa do Assaré “Brasi de baxo e Brasi de cima”. Portanto há a presença da intertextualidade de forma bastante significativa.

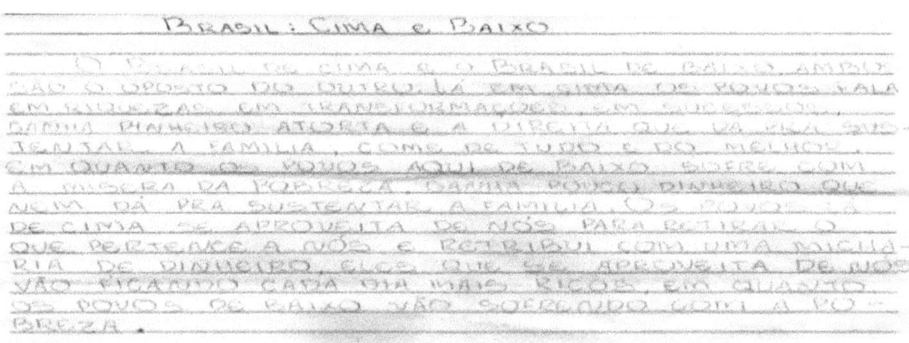
BRASIL: CIMA E BAIXO

O BRASIL DE CIMA E O BRASIL DE BAIXO AMBOS SÃO O OPOSTO DO OUTRO. LÁ EM CIMA OS POVOS FALA EM RIQUEZAS, EM TRANSFORMAÇÕES, EM SUCESSO, GANHA DINHEIRO À TORTA E A DIREITA QUE DÁ PRA SUSTENTAR A FAMILIA, COME DE TUDO E DO MELHOR. EM QUANTO OS POVOS AQUI DE BAIXO SOFRE COM A MISERA DA POBREZA, GANHA POUCO DINHEIRO QUE NEM DÁ PRA SUSTENTAR A FAMILIA. OS POVOS LÁ DE CIMA SE APROVEITA DE NÓS PARA RETIRAR O QUE PERTENCE A NÓS E RETRIBUI COM UMA MIGALHARIA DE DINHEIRO. ELES QUE SE APROVEITA DE NÓS VÃO FICANDO CADA DIA MAIS RICOS, EM QUANTO OS POVOS DE BAIXO VÃO SOFRENDO COM A POBREZA.

Figura 1. Redação 01

Fonte: arquivo pessoal

Fazendo algumas especificações “ambos são o oposto *um do outro”*, não há necessidade da parte destacada, pois quando se trata de opostos certamente entende-se que existe os dois lados. O uso do *lá* é desnecessário porque ele está dando sentido de localização, de lugar. Mais adiante a falta de conjugação dos verbos como: “os povos fala”... não houve a concordância, visto que nas palavras seguintes há plural “em riquezas, em transformações, em sucessos”...

Já no uso do vocábulo enquanto ele faz uma separação da preposição “em + pronome interrogativo quanto,” e na escrita da palavra miséria há ausência de letras “misera”. Utiliza também o “pra” ao invés de “para”, faz algumas repetições do pronome nós que no momento da correção pode-se usar o “nos” antes de um dos verbos adequadamente.

Na finalização do texto aparecem “vão ficando”, “vão sofrendo”, verbo auxiliar mais verbo no gerúndio são muito utilizados no dia-a-dia, porém dentro deste contexto os verbos devem ser flexionados.

Talvez a intenção do aluno fosse assemelhar o texto escrito com o texto lido, esse é um dos fatores, pelos quais jamais deveríamos dizer que sua produção estaria incorreta, pois ao interpretar um texto vários itens são levados em consideração, e por ser um texto literário com uma linguagem bastante regional influenciou a interpretação.

O professor com sensibilidade poderia fazer uma breve distinção entre a oralidade, ou seja, a fala e escrita, além de distinguir o uso da linguagem deixando claro que há determinadas situações que são cabíveis falar sem fiscalizar e outras em que há necessidade de se policiar. Além de deixar clara a escrita do autor deve ser respeitada incluindo a linguagem usada.

Enquanto escrita precisamos sempre buscar um conhecimento e observar no que podemos melhorar. Mesmo que existam alguns assuntos que nos deixam confundidos ou que nos possibilitem errar, sempre devemos procurar formas de correção para adquirir novas habilidades.

Na versão corrigida detectaremos alguns erros simples, mas que necessitam de correção.

Tabela 1. Modelo de correção ortográfica

O Brasil de cima e o Brasil debaixo.
O Brasil de cima e o Brasil debaixo, ambos são opostos. Em cima, os povos falam em riquezas, em transformações, em sucessos, ganham dinheiro a torta e a direita, que dá para sustentar a família, come de tudo e do melhor. Enquanto os povos aqui debaixo, sofrem com a miséria da pobreza, ganham pouco dinheiro que nem dar para sustentar a família.
Os povos lá de cima, se aproveitam de nós, para retirar o que nos pertence e retribuem com pouquíssimo dinheiro. Eles que sempre se aproveitam de nós, ficam cada dia mais ricos, enquanto os povos debaixo sofrem com a pobreza.

Fonte: arquivo pessoal

No texto acima corrigido, percebemos que a questão da escrita ortográfica por esse aluno não é ruim, e que faz uso de pontuações, necessitando assim de poucos consertos, porém, quando o assunto é concordância principalmente verbal, ele tem algumas dificuldades. Por ser um texto interpretativo ele utiliza expressões simples, deixando transparecer que a linguagem do texto original é composta da oralidade fidedigna do autor.

O problema detectado na escrita são usos inadequados dos verbos, que poderiam ser colocados como solução uma mesclagem dentro de um plano de aula comum. Existe uma coerência significativa, necessitando apenas de alguns ajustes, ficaria a opção de uma revisão e em seguida a correção, não esquecendo de optar sempre por palavras objetivas e claras, abordando os pontos mais necessitados do trabalho.

O professor poderia utilizar alguns métodos como: fazer uma dinâmica com ditado usando as palavras escritas erradas e para a correção eles utilizariam o dicionário, dando a oportunidade para os alunos observarem a ortografia e pegarem mais intimidade com a gramática.

O próximo texto a ser analisado foi produzido pelos mesmos alunos, dos quais, apenas dois foram analisados. Foi orientado que eles escrevessem um gênero textual que mais gostassem. Por isso uma aluna criou o seguinte poema:

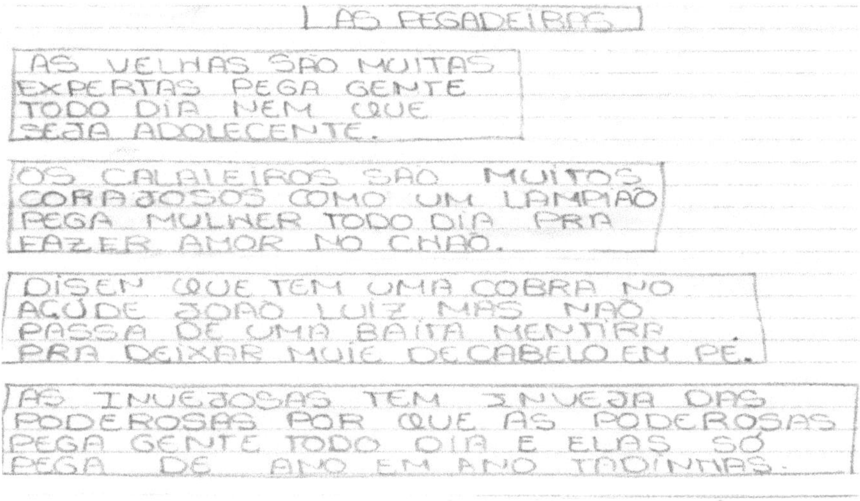
AS PEGADEIRAS

AS VELHAS SÃO MUITAS
EXPERTAS PEGA GENTE
TODO DIA NEM QUE
SEJA ADOLECENTE.

OS CAVALEIROS SÃO MUITOS
CORAJOSOS COMO UM LAMPIÃO
PEGA MULHER TODO DIA PRA
FAZER AMOR NO CHÃO.

DISEM QUE TEM UMA COBRA NO
AÇUDE JOÃO LUIZ MAS NÃO
PASSA DE UMA BAITA MENTIRA
PRA DEIXAR MUIE DE CABELO EM PÉ.

AS INVEJOSAS TEM INVEJA DAS
PODEROSAS POR QUE AS PODEROSAS
PEGA GENTE TODO DIA E ELAS SÓ
PEGA DE ANO EM ANO TADINHAS.

Figura 2. Redação 02

Fonte: arquivo pessoal

Ortograficamente na 1ª estrofe há trocas de letras em “expertas” o “s” foi confundido com “x”, neste caso a oralidade da palavra já ajudaria compreender o uso correto do fonema. Na palavra “adolescente” a falta do “s”, é comum encontrar dificuldades nos usos de “sc” caberia aqui uma pequena abordagem sobre os dígrafos, a questão do som e a analogia que a aluna fez com a fala.

Na segunda estrofe no termo “cavaleiros” a falta do “h” de cavalheiros poderia ser explicado da mesma forma acima descrita. O uso do “pra” ao invés de “para”, nesse caso poderia ser aceito se a palavra “pra” fosse um vocábulo que rimasse com outra, pelo fato de ser um poema, mas como ela não esta rimando deve-se usar “para”.

A falta de concordância em "mulher todo dia", que ficaria "mulheres todos os dias", apenas com a releitura da estrofe poderíamos perceber a não concordância. "Fazer" flexiona-se "fazerem" concordando com o contexto no qual está inserido.

Já na 3ª estrofe o uso do "s" "disen" substituindo "z" "dizem" e a falta do "m" final trocado por "n" erro bastante frequente, cujo verbo dizer é representado na 3ª pessoa do plural flexionado. E "muié" ao invés de "mulher", porém neste caso é para compor a rima, pode ser levado em consideração, devido o tipo de escrita.

Na quarta e ultima estrofe o uso do "por que" que está separado, enquanto deveria ser junto, pois separado sem acento é usado em inicio de perguntas e junto sem acento representaria a explicação. No ultimo verso a palavra "pego" vem do verbo "pegar" e deveria ser flexionado de acordo com a pessoa gramatical "pegam". A forma ortograficamente correta:

Tabela 2. Modelo de correção ortográfica

AS PEGADEIRAS As velhas são Espertas pegam gente Todos os dias nem que Seja adolescente. Os cavalheiros são muitos Corajosos como lampião Pegam mulheres todos os dias Para fazerem amor no chão.	Dizem que tem uma cobra No açude João Luiz, mas não passa De uma baita mentira Para deixar mulher de cabelo em pé. As invejosas tem inveja das Poderosas porque as poderosas Pegam gente todos os dias e elas só Pegam de ano em ano tadinhas

Fonte: arquivo pessoal

Percebemos que é um texto composto por rimas simples, mas determina um contexto crítico as mulheres que namoram diferentes homens diariamente.

No texto a seguir observamos erros muito simples que ocorrem com bastante frequência:

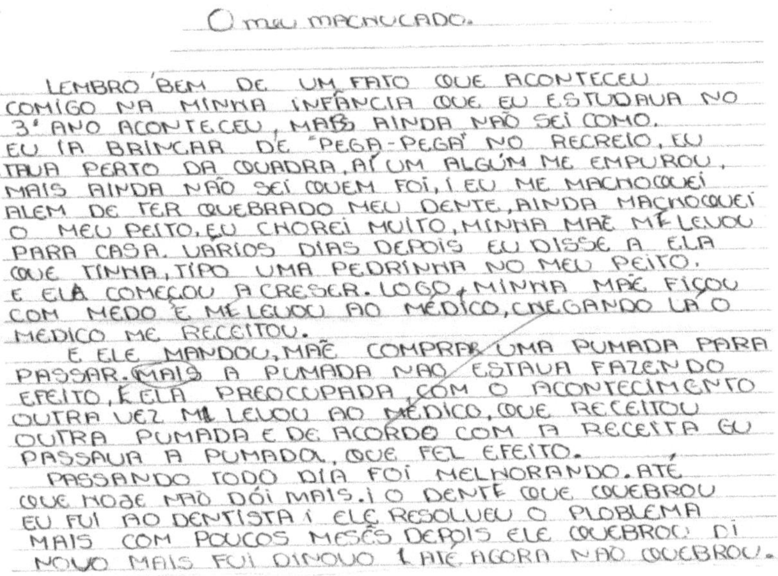

O meu machucado.

LEMBRO BEM DE UM FATO QUE ACONTECEU
COMIGO NA MINHA INFÂNCIA QUE EU ESTUDAVA NO
3º ANO ACONTECEU, MAS AINDA NÃO SEI COMO.
EU IA BRINCAR DE "PEGA-PEGA" NO RECREIO, EU
ESTAVA PERTO DA QUADRA, AÍ UM ALGÚM ME EMPUROU,
MAIS AINDA NÃO SEI QUEM FOI, I EU ME MACHOQUEI
ALEM DE TER QUEBRADO MEU DENTE, AINDA MAÇHOQUEI
O MEU PEITO, EU CHOREI MUITO, MINHA MAÊ ME LEVOU
PARA CASA. VÁRIOS DIAS DEPOIS EU DISSE A ELA
QUE TINHA, TIPO UMA PEDRINHA NO MEU PEITO.
E ELA COMEÇOU A CRESER. LOGO, MINHA MAÊ FIÇOU
COM MEDO E ME LEVOU AO MÉDICO, CHEGANDO LÁ O
MEDICO ME RECEITOU.
E ELE MANDOU, MAÊ COMPRAR UMA PUMADA PARA
PASSAR. MAIS A PUMADA NÃO ESTAVA FAZENDO
EFEITO, E ELA PREOCUPADA, COM O ACONTECIMENTO
OUTRA VEZ ME LEVOU AO MÉDICO, QUE RECEITOU
OUTRA PUMADA E DE ACORDO COM A RECEITA EU
PASSAVA A PUMADA, QUE FEZ EFEITO.
PASSANDO TODO DIA FOI MELHORANDO. ATÉ
QUE HOJE NÃO DÓI MAIS. I O DENTE QUE QUEBROU
EU FUI AO DENTISTA I ELE RESOLVEU O PLOBLEMA
MAIS COM POUCOS MESÊS DEPOIS ELE QUEBROU DI
NOVO MAIS FUI DINOVO I ATÉ AGORA NÃO QUEBROU.

Figura 3. Redação 03

Fonte: arquivo pessoal

No texto acima foram detectados alguns erros de ortografia, e a troca do “mas” pelo “mais”, a falta de pontuação. “Aconteceu mais ainda não sei como”. Acrescentaríamos a vírgula após aconteceu, ou seja, antes do “mas” que indica adversidade. “tava perto da quadra, ai um algum me empurrou, mais ainda não sei quem foi, “i” eu me machoquei”... “mi”, “ele”, “creser”. Neste trecho optaremos por: “estava perto da quadra, aí um alguém me empurrou, mais ainda não sei quem foi, e eu me machuquei”... “me”, “ela”, “crescer”. “uma pumada para passar.” Mais a “pumada” não estava fazendo efeito, “i” ela preocupada, com o acontecimento outra vez” ‘mi”, “i”, o dente quebrou eu fui ao dentista "i" ele resolveu o problema mais com poucos "meses" depois ele quebrou "dinovo mas fui dinovo i ate agora não quebrou".

Percebemos o uso exagerado do "mais, i,dinovo, pumada". Ou seja, são erros que não deveriam surgir numa turma de 8º, mas que não podemos generalizar, pois nem todos escrevem assim. A seguir se observa uma forma mais adequada:

Tabela 3. Modelo de correção ortográfica

O MEU MACHUCADO
Lembro bem de um fato que aconteceu comigo na infância, eu estudava no 3º ano quando aconteceu, mas ainda não sei como. Eu iria brincar de pega-pega no recreio, estava perto da quadra, quando alguém me empurrou, mas ainda não sei quem foi me machuquei, além de ter quebrado meu dente, machuquei meu peito, chorei muito. Minha mãe me levou para casa vários dias depois eu disse a ela que tinha tipo uma pedrinha no peito, ela começou a crescer. Logo minha mãe ficou com medo e me levou ao médico, chegando lá o médico me receitou, mandou mãe comprar uma pomada para passar, mas a pomada não estava fazendo efeito.
Ela preocupada com o acontecimento, outra vez me levou ao médico, que receitou outra pomada e de acordo com a receita eu passava a pomada, que fez efeito passando todos os dias fui melhorando, até que hoje não dói mais. E o dente que quebrou, eu fui ao dentista e ele resolveu o problema, mas com poucos meses depois, ele quebrou novamente fui de novo e até agora não quebrou.

Fonte: arquivo pessoal

Concluímos que os erros ortográficos mais simples foram eliminados na primeira leitura, porém faz-se necessárias releituras de duas a três vezes para diagnosticar os demais erros. O professor tem que perceber que os detalhes da correção deve ser feita de forma gradual para não constranger o aluno que precisa ter sua escrita respeitada ao ponto de não modificar sua expressão.

No entanto, somente a correção ortográfica não dá coesão ao texto, visto que vários fatores precisam ser levados em consideração, entre eles o ato de reescrevê-lo, ler novamente e aos poucos incrementá-lo de forma que a comunicação seja possível e as normas respeitadas.

CONSIDERAÇÕES FINAIS

Esta pesquisa se propôs, como objetivo geral, colaborar com o ensino de língua portuguesa nos anos fundamentais. Servindo como auxilio teórico e prático, focando principalmente a importância da correção do erro no ensino de língua portuguesa. Para que o trabalho não se limitasse a teoria buscamos, junto ao corpo discente de uma escola pública, analisar alguns itens problemáticos.

Através das leituras bibliográficas e pesquisas em sala de aula e junto aos profissionais da educação, podemos chegar a algumas conclusões como: no ensino da língua materna são vários os assuntos que devem ser levados em consideração entre eles; a vivência do aluno no seu ambiente paralelo a escola, sua comunidade, a cultura, a família. Além do diagnóstico que deve ser feito ao ingressar no ambiente escolar, visando detectar os problemas de aprendizagem e uma possível intervenção.

De acordo com os estudos aqui analisados a língua escrita existe para representar a língua falada, por isso se faz necessário compreender e entender as regras que regem esta escrita, visto que não há como desvincular uma da outra, é muito forte a influência da fala sobre a escrita, por isso requer alguns cuidados metodológicos na hora de expor determinados assuntos.

No decorrer do trabalho, foram abordados conceitos de erros e como tratá-los de forma que não se torne um empecilho para o aluno. Para isso, o aporte teórico foi de suma importância para a compreensão do estudo, cujos autores como Bagno, Irandé, Possenti e outros sustentam a tese principal deste capítulo.

A visão de correção de erro já foi bastante questionada, porém hoje devemos refletir e repensar, devido às mudanças que ocorrem na língua com o decorrer do tempo. Pois o que era erro alguns anos atrás, hoje pode não ser mais, levando em consideração que a fala das comunidades modificam a língua, com um único objetivo, a comunicação.

Todavia temos a consciência de que o ensino- aprendizagem tem um forte peso social e que por isso é formado através de um sistema educacional, embasado em leis, diretrizes, que norteiam o educador, portanto, não é um ensino independente.

A escola deve ter como objetivo no ensino de português que os alunos são capazes de fazer o uso do português padrão sem subestimar suas capacidades, por outro lado não negar a sua variedade linguística, em valorização a norma padrão não discriminando. Deve haver um equilíbrio da importância desses ensinos e usos dentro do contexto escolar.

Resumidamente o presente trabalho considera que o ensino da língua materna, vive uma constante modificação devido às mudanças sociais, mas não perde o elo fundamental que é a essência do ensino, o ensinar a ser cidadão e despertar o desempenho de habilidades. E que o erro se faz presente e a correção necessária, assumindo um papel de renovação, reflexão e revisão dos fatos.

REFERÊNCIAS

ANTUNES, Irandé. **Aula de português:** encontro & interação. São Paulo: Parábola Editorial, 2010.

BAGNO, Marcos. **Gramática de bolso do português brasileiro.** São Paulo: Parábola Editorial, 2013.

CASTILHO, Ataliba Teixeira de. Variação linguística, norma culta e ensino de língua materna. In: SÃO PAULO, Secretaria de Educação de Estado de São Paulo. **Subsídios à proposta curricular de língua portuguesa para 1º e 2º graus.** São Paulo: SE/CENP, V.1,1988.

FERREIRA, Aurélio Buarque de Holanda. **Novo dicionário eletrônico Aurélio.** versão 7.0. São Paulo: Positivo Informática Ltda, 2010.

SILVA, Camilo Rosa. Processos combinatórios: coordenação e subordinação. In: MATOS, Denílson Pereira de (Orgs.). **Sintaxe do português:** abordagens funcionalistas. João Pessoa: Editora da UFPB/UFPB Virtual, 2012.

POSSENTI, Sírio. **Por que (não) ensinar gramática na escola**. São Paulo: Mercado de Letras, 1996. (Coleção de leitura no Brasil)

2. O PRECONCEITO LINGUÍSTICO EM SALA DE AULA: O QUE FAZER?[2]

Ranieli de Alencar Dantas

Adilio Junior de Souza

1. INTRODUÇÃO

O que sabemos sobre o preconceito linguístico ainda é pouco, muito há que ser discutido, pois não se tem punição para quem pratica este tipo de preconceito. Se o racismo, a homofobia e tantos outros tipos de preconceitos tem leis e punições porque o preconceito linguístico não tem? Seria a falta de informação? Talvez, para isso é necessário que se faça uma explanação do que seria o preconceito linguístico para que a partir do conhecimento, saber opinar de forma crítica, e defender a variação linguística.

O preconceito linguístico acredita existir uma única língua portuguesa que mereça esse nome, a língua ensinada nas escolas, definidas e cobradas pelas gramaticas, àquelas que compõem os dicionários. Tudo que escape dessa regra é considerado errado, e digno de correção, como se isso não fosse português (BAGNO, 2015).

Então todos os que falam as formas estigmatizadas não sabem português? NÃO todos falam o mesmo português, porém este português sofre variações, que poderão ser pelos fatores de escolaridade, classe social, gênero, faixa etária, regional e tantas outras que influenciam a linguagem.

---

[2] Este capítulo é uma revisão do Trabalho de Conclusão de Curso "Reflexões sobre o preconceito linguístico em sala de aula", produzido no ano de 2016, no Curso de Letras da Unidade Descentralizada de Campos Sales - UDCS/URCA, orientado pelo professor Adilio Souza.

Quando falamos em preconceito linguístico nos perguntamos e em sala de aula como este preconceito é abordado? Será que estes alunos sabem o que seria o preconceito linguístico? Como trata-lo? E como defender-se dele? E mais como não praticá-lo? Nos estudos das redações feitas pelos alunos do 9º ano é possível ver que este preconceito não é trabalhado ao menos na referida turma, mas claro que esta mesma turma tem suas variações, pois é impossível ter uma linguagem pura em um espaço com tantos fatores que influenciam a linguagem ainda mais numa sala composta por adolescentes que estão em processo de adequação da língua.

A variação linguística é parte integrante da língua, pois não se pode cristalizar uma língua, a linguagem sofre mudanças, a língua está sempre em movimento a gramática pode ser estática, mas a língua não, ela varia, se transforma, e sofre influência de fatores externos como a escolaridade, faixa etária, regionalidade, fatores socioeconômico, urbano/rural, gênero, é ingenuidade acreditar na homogeneidade da língua.

Se a nossa língua materna (o português) foi composta por variantes de outras culturas com querer torna-la única? Sua variação vem desde os primórdios, para compor esta língua que hoje chamamos português brasileiro, muitas outras línguas de raízes africanas, o tupi, as línguas usadas pelos índios nativos da ilha chamada Brasil no período de colonização e mesmo tendo se imposto o Português como língua oficial, não deixaram de circular os falares maternos dos povos que estavam povoando a colônia portuguesa. Tanto é que nossa língua é o que é hoje um caldeirão de variantes linguístico que enriquecem nosso idioma. Por isso o preconceito linguístico está tão presente, algumas variantes ganham status de prestígio enquanto outras são estigmatizadas.

O nosso trabalhou apresenta uma visão do preconceito linguístico após uma análise da escrita dos alunos do 9° ano do ensino fundamental da escola Antonio Carlos de Alencar, do sitio jacarandá município de Salitre - CE, e buscou uma visão desses alunos sobre o assunto e como estes se comportam linguisticamente dentro da sociedade, mediante a isso apresenta uma nova proposta para se combater o preconceito linguístico em sala, a abordagem sociolinguística servindo assim a valorização linguística, e algumas abordagens de novas propostas gramáticas e não apenas o uso arcaico da gramática normativa que serve apenas pra ditar regras.

2. PROCEDIMENTOS METODOLÓGICOS

Procuraremos ao longo de nossas pesquisas explicar como o preconceito linguístico aparece e como ele é tratado dentro de sala de aula especialmente pelos alunos do 9º ano da escola Antonio Carlos de Alencar, o qual foi proposta uma redação para fazer os estudos necessários para ser exposto, para tanto foi recolhido algumas redações para ser feita a análise. Após o recolhimento das redações foi realizada a seguinte separação para melhor analisar:

(a) coletou-se 14 redações escritas por alunos da referida turma;

(b) com base no referencial teórico eleito, fez-se a análise dessas dissertações, apontando os desvios da norma dita culta e;

(c) ao final, foi proposta uma alternativa de abordagem para o ensino de língua materna: a abordagem sociolinguística.

Das 14 redações escritas, foi selecionado um conjunto de cinco (05), que em seguida foram analisadas e citadas para dar força a argumentação, após a leitura das redações fez-se a análise dos textos dos alunos sendo visto a escrita, os erros gramáticas e a opinião expressa nos textos em seguida realizou-se os comentários sobre o que foi visto nas redações, a abordagem sociolinguística foi proposto para um melhor aproveitamento da língua e seu uso real.

3. APORTE TEÓRICO

3.1. Sociolinguística e o estudo da variação/mudança linguística

A sociolinguística disciplina da linguística que estuda a língua e sua relação com a sociedade, em especial as variabilidades da língua. A língua está diretamente ligada ao contexto social, para se estudar as variedades sofridas pela língua é preciso antes que se faça um estudo da construção social de seus falantes, pois os fatores que interverem a linguagem são muitos, a localização geográfica, o fator socioeconômico, históricos o que determinada sociedade tem como construção de identidade.

Os estudos da sociolinguística estão voltados para as variações que a língua sofre com o decorrer do tempo, como um conjunto de fatores: faixa etária, escolaridade, regionalidade, urbano/rural, gênero que influenciam a língua. No caso do português do Brasil a pluralidade é justificada pelas várias etnias com que foi povoado, uma salada cultural, fazia-se necessário uma comunicação, mas os seus falares se divergiam, fez-se uma adaptação, por assim dizer, para que houvesse comunicação entre os diversos povos que aqui abitavam, essa adaptação ganhou nos dias atuais o nome de português brasileiro, o PB que sofreu influência de diversas línguas principalmente as nativas o tupi-guarani, as de origem africana trazidas pelos escravos, o espanhol, o português de Portugal e tantos outros.

Não tem como este Português não sofre variação. Dá-se o nome de variação linguística para a influência que uma língua sofre com os fatores históricos e regionais, ou seja, a língua está em constante transformação, falares paralelos dividirão espaços com as formas prestigiadas da língua, a variação parte da necessidade de comunicação "a variação linguística é o processo pelo qual duas formas podem ocorrer no mesmo contexto com o mesmo valor referencial/representacional, isto é, com o mesmo significado" (COELHO et al., 2015, p. 16) essa variação parte da adequação que o falante faz em determinado contexto adequando o seu vocabulário a situações diversas.

Marcos Bagno apresenta a seguinte definição para a variação linguística:

> A variação linguística tem que ser objeto e objetivo do ensino de língua: uma educação linguística voltada para a construção da cidadania numa sociedade verdadeiramente democrática não pode desconsiderar que os modos de falar dos diferentes grupos sociais constituem elementos fundamentais da identidade cultural da comunidade e dos indivíduos particulares e que denegrir ou condenar uma variedade linguística equivale a denegrir e condenar os seres humanos que a falam, como se fossem incapazes, deficientes ou menos inteligentes – é preciso mostrar, em sala de aula e fora dela, que a língua varia tanto quanto a sociedade varia, que existem muitas maneiras de dizer a mesma coisa e que todas correspondem a usos diferenciados e eficazes dos recursos que o idioma oferece a seus falantes (BAGNO, 2015, p. 17).

Quando falamos de variação linguística já nos vem à mente que estas variações são um erro, que determinado grupo fala certo e o outro não, ai entra o preconceito linguístico. Bortoni-Ricardo no seu livro *educação em língua materna a sociolinguística na sala de aula* diz que:

> As variedades faladas pelos grupos de maior poder político e econômico passam a ser vistas como variedades mais bonitas e até mais corretas. Mas essas variedades, que ganham prestígio porque são faladas por grupos de maior poder, nada tem de intrinsecamente superior às demais (BORTONI-RICARDO, 2014, p. 33).

Ou seja, os fatores que vão determinar a língua de prestígio é tão meramente o fator político e econômico, enquanto as outras variantes são tidas com errôneas, sofrendo preconceito, julgamentos, mas toda e qualquer manifestação de linguagem está correta faz parte da identidade dos seus falantes. O falar dos integrantes da classe baixa são considerados errados, no entanto o falar da classe média alta nada tem de melhor, o que justifica esse prestígio é apenas o fator econômico.

Na sala de aula a variação é vista muitas vezes como um erro de português, para os professores antigos era sua obrigação corrigir os erros de português de seus alunos como coloca Bortoni-Ricardo (2014, p. 37): "que acreditavam ser sua obrigação coibir severamente os usos da língua que se desviasse da norma considerada culta." Nessa visão consideramos que em sala de aula deve-se adequar a linguagem visto que não se fala do mesmo modo que no âmbito familiar ou em grupos de amigos, pois no ambiente de sua casa é a oralidade que prevalece já em ambientes como escola e em grupos de pessoas desconhecidas há um policiamento maior da linguagem. Porém essa adequação não deve jamais inferiorizar as variantes de uso cotidiano.

3.2 A língua em movimento

A língua está em constante mudança, estas tais mudanças nos levam a questionar mais sobre nossa língua, tanto no que se refere ao passado, quanto as mudanças atuais, os processos de evolução que passa a língua usual, a língua viva, com usuários diversos e com muitas mudanças no falar. Para melhor entendermos o processo que a língua passou e passa, é necessário que façamos um estudo mais aprofundado no seu desenvolvimento, na sua gramática anterior, como também no que temos de aprimoramento desde o início da língua. Para compreender o processo de evolução que ocorre com a língua Portuguesa (mais especificamente) teríamos que analisar sua formação.

O processo de variação da língua é bem mais complexo que isso, o objeto de estudo da sociolinguística, a variação linguística que tem por base as transformações que a língua sofre, e muitos dos fatores que determinam a variação, uma mudança, por exemplo, na forma de se expressar dos jovens, nas influencias sofridas pelas mídias entre outros fatores, Fernando Tarallo diz que "Variação, portanto, não implica mudança; mudança, sim, implica sempre variação. Mudança é variação!" (TARALLO, 2007, p. 63), ou seja, as mudanças pelas quais todas as línguas passam não só o português implicará variação, é muito complexo determinar certo e errado quando muitas maneiras de se dizer a mesma coisa estão em constante briga por espaço, para percebermos isso basta ouvir as maneira como se falava a 10 anos atrás e como se fala hoje, então como determinar certo ou errado? Possenti em seu livro *por que (não) ensinar gramática nas escolas*, diz que a língua dá alternativas para se dizer a mesma coisa de diferentes formas, e que ser usuário da língua é saber adaptar o discurso a diferentes situações e contextos.

> Aprender uma língua é aprender a dizer a mesma coisa de muitas formas. Não se deveria imaginar que existe só uma forma de falar, [...] a língua nos dá sempre várias alternativas, e saber uma língua ativamente e "utilizá-la" como sujeito é em boa parte saber dizer uma coisa de muitas maneiras. (POSSENTI, 1996, p. 94).

Por tanto não se pode querer uniformizar a língua, a língua viva está sempre em evolução, muitos são os usuários e cada grupo faz suas adaptações a fala para que haja um entendimento entre si, sabendo adequar as diferentes situações cotidianas. Deve-se saber respeitar as diversidades que a língua proporciona, e admirar a maravilha de poder usar vários termos para se dizer a mesma coisa, valorizando a riqueza da língua "a linguagem é o que o homem tem de mais íntimo e o que representa a sua subjetividade" (LEITE, 2008, p. 13) o preconceito desqualificava essa subjetividade, esse anseio por uma língua única provoca sérios danos aos falares tidos não cultos, contudo são esses os mais usados, mais até do que os falares ditos como cultos e aceitáveis pela sociedade.

3.3 A língua deve ser descrita, não imposta

A língua escrita é uma representação gráfica da língua falada, a imposição de normas para a escrita da língua portuguesa, influencia na determinação de um português certo ou errado, uma visão equivocada e muito prejudicial, a língua não deve ser vista como algo obrigatório e que todos devam falar da mesma forma, seguindo as mesmas regras só porque alguém determinou assim, a língua é mais que regras e escrita, a língua é um conjunto e deve ser vista e respeitada como tal.

Não se pode jamais querer que a língua escrita represente fielmente a língua falada, não podemos reproduzir algumas palavras da mesma forma que estar grafada e tão pouco grafar da mesma forma que as pronunciamos, e o motivo é simples a fala é viva tem forma e reprodução sonora enquanto a língua escrita é abstrata a representação gráfica de um objeto não necessariamente é o objeto em si, portanto a representação gráfica de um signo não é o signo em si "ela não é a fala: é uma tentativa de representação ortográfica, pictórica e convencional da língua falada." (BAGNO, 2015, p. 81) O estruturalismo Saussuriano definiu a língua escrita e a fala da seguinte forma:

> A língua (langue) passou a estabelecer uma oposição à fala (parole). Isso se deu porque a língua passou a ser vista como homogênea e abstrata, podendo ser sistematizada e estudada. Já a fala era tida como **homogênea** e concreta, não sendo possível, portanto, ser sistematizada nem, por conseguinte, estudada (grifo nosso)[3].

Saussure usou em seus estudos apenas a língua escrita a falar foi descartada de seus estudos, a língua, portanto a escrita poderia ser sistematizada já que ela era homogênea não sofre mutação já a fala é heterogênea sofre mutação, o nosso estudo vai buscar justamente as mutações sofridas pela fala, a escrita aqui é usada apenas para justificar

---

[3] Texto disponível em: www.ead.ftc.br.

essas variações sofridas pela língua falada. Não estamos dizendo aqui que existe uma forma certa ou errada, melhor ou pior de se ver a língua portuguesa, o que queremos é mostrar as diferenças entre a escrita e a oralidade.

Partindo da definição de Saussure que a *Língua* é sistemática, coletiva, homogênea e abstrata, ou seja, a língua a que ele se refere é a escrita que pode ser sistematiza como na construção de frase sujeito + verbo + predicado, já *Fala* é, assistemática, caótica, individual, heterogênea e concreta. A fala, portanto, não pode ser catalogada por completo, pois sofre variação, e estar em constante transformação.

A gramática estudada nas escolas mostra um português bem diferente do que é usado no cotidiano:

> Para justificar a presença da gramática no currículo, diz-se que é preciso estudar gramática para se falar ou escrever melhor (leia-se: no português padrão). Nenhum linguista questiona a necessidade de se adquirir competência em português padrão, aquela língua escrita que é tão diferente da que realmente se fala (PERINI, 2015, p. 35).

A gramatica normativa que é aplicada na escola e cobra o ensino do português padrão justifica suas normas como algo que deve ser de domínio de todos, porém uma grande parcela da população não tem domínio e tão pouco entende textos em que aparece estas normas tão cobras e tidas como verdades absolutas. A gramática normativa é colocada da seguinte forma:

> Gramática Normativa – é responsável por ditar as regras do bem falar e do bem escrever. Nessa concepção, a variante oral da língua fica em segundo plano, priorizando os fatos da língua escrita na modalidade padrão (oficial). Essa gramática tem um poder legislador sobre a língua, uma vez que prescreve ao falante o uso da norma 'culta' (CLEMENTE, 2012, p. 1593).

Esta gramática normativa serve como manual para instruir o usuário a usar a forma "correta" de falar e escrever utilizando as regras prescritas pela mesma é a gramática adotada pela escola, pois o ensino de nossas escolas é em boa parte o tradicional e cobra dos alunos o domínio das regras que estão na normatização da língua.

Outras abordagens gramaticais merecem destaque a gramática descritiva que engloba não apenas a escrita e sua norma padrão, mas todas as variedades da língua partindo do princípio de que a fala é antecessora da língua, o linguista nesse caso usa a escrita para descrever o que observou da língua falada.

> Gramática descritiva – descreve e registra os usos da língua em sua sincronia (no dado momento de sua existência). Não renega as outras variantes linguísticas, ao contrário: "trabalha com qualquer variedade da língua e não apenas com a variedade culta e dá preferência para a forma oral desta variedade" (Ibidem). A preferência pela descrição dos usos da oralidade se pode inferir do fato de a língua nascer na fala e depois passar à forma escrita. Nessa concepção, a gramática é o conjunto de observações feitas pelo linguista sobre determinada variante, explicando o mecanismo da língua (CLEMENTE, 2012, p. 1593).

Esta gramatica não determina o que é certo ou errado ela faz uso da observação para explicar a língua e seus mecanismos, seu funcionamento, as regras que os falantes realmente usam.

Outra gramática que merece destaque é a gramática internalizada aquele conjunto de regras que o falante domina, é o uso real da língua a aquisição do conhecimento gramatical do falante, "Uma versão sobre a aquisição do conhecimento, em particular do conhecimento gramatical, diz que aprendemos por repetição. Simplificando, falamos o que falamos porque ouvimos." (POSSENTI, 1996, p. 69) todo indivíduo domina sua língua materna, consegue organizar uma frase coerente porque tem contato com a língua.

> Gramática internalizada – É o próprio mecanismo: "o conjunto de regras que é dominado pelos falantes e que lhes permite o uso normal da língua" (Ibidem). Trata-se, pois, da mesma concepção que apresenta Antunes: são as estruturas já conhecidas e dominadas pelo falante da língua (CLEMENTE, 2012, p. 1594).

Não deve ser descartado o que o aluno traz de bagagem linguística, o papel da escola não é impor uma forma de falar, mas fazer uso do que o aluno já sabe e aprimorar isso não determinando o que pode ser dito ou como pode ser dito o ensino de gramática deve acompanhar a evolução linguística e evitar que o preconceito linguístico que a tanto tempo vem sendo combatido se espalhe entre os alunos, porém o que vemos é uma escola tradicional condicionando o seu aluno a divide-se entre o que a gramática normativa diz ser certo e errado sem levar em consideração que é necessário uma nova abordagem, uma nova visão da linguagem, no que se refere a escrita tem sim que haver regras, no entanto a fala dispensa algumas dessas regras que servem somente para a escrita, pois todo e qualquer falante familiarizado com a língua materna conseguirá formar uma frase com uma sequência lógica e coerente.

4. ANÁLISES

Para quem não tem conhecimento do que seja o preconceito linguístico fica até difícil comentar sobre, e pior escrever sobre ele. Temos aqui em resumo o posicionamento dos alunos do 9° ano do ensino fundamental da escola Antonio Carlos de Alencar localizada no município de Salitre – CE, sobre o que seria o preconceito linguístico visto que é um tema pouco discutido para eles, no entanto deve-se dar mais prioridade a divulgação desse tema em sala de aula, justamente para que estes alunos tenham uma opinião critica com relação a isso.

Na proposta apresentada para os alunos foi dada uma definição para o que seria o preconceito linguístico e apresentado uma tirinha do Mauricio de Sousa com falas do personagem Chico Bento, que utiliza uma variedade estigmatizada o falar “caipira” ridicularizada por muitos e tida como “feia” “estropiada”, ou seja, inferior para os que se utilizam da norma padrão da língua, nessa redação eles teriam que dissertar sobre o que eles entendiam e sabiam do preconceito linguístico, foram selecionadas cinco redações para que fosse feita a análise.

No geral pode-se perceber que os alunos do 9° pouco sabem sobre o assunto tanto é que não formularam uma opinião clara sobre o tema, com isso podemos ver que o preconceito linguístico é pouco abordado na sala de aula, o não conhecimento do tema em destaque explica a visão preconceituosa de alguns alunos.

Estudo sobre a Redação I

Escrita pelo aluno que chamaremos de **A** de 15 anos de idade, gênero masculino, residente na zona rural do referido município, filho de agricultores com pouca intrusão Sua linguagem é marcada por expressões rurais, sua influência é de falares estigmatizados, usuários da língua que tem um nível de escolaridade baixa, o que implica no seu vocabulário peculiar. Boa parte dos moradores de sua comunidade utilizam termos característicos, e conjugações verbais fora do padrão, pois baseiam-se na oralidade do que na escrita.

No que se refere a escrita o aluno **A** seu texto é de difícil compreensão visto que as ideias não são organizadas o que se pode perceber no geral é que o não conhecimento do tema dificultou o entendimento e como consequência a escrita, destaca-se a seguinte frase "...ele está falando erado como na palavra fessora, castigá, hoji por que nois temos várias linguagem de falar..." Não se tem uma opinião expressa nesse texto apenas palavras soltas.

Teremos um posicionamento do referido aluno quando ele cita as variedades que podemos encontrar em diferentes regiões e quando defende que o personagem Chico Bento tem sua maneira de se expressar "...ele tinha sua maneira de se espresar com aquelas palavras eradas asim como varias pessoas que pronusia erada..." é visível nesse trecho os erros gramaticas, que evidenciam a dificuldade do aluno com a gramática normativa, gramática essa cobrada na sala de aula.

No que se refere ao preconceito linguístico o aluno se posiciona de forma preconceituosa ao falar da linguagem do Chico Bento e até mesmo quando se refere a sua própria linguagem, em sentido amplo o aluno **A** ver o falar nordestino mais especificamente o falar do meio rural como algo feio, ridículo "... si ajente fosse viaja... e nois falase como chico Bento esta falando eles iriam dá rizada de nois." Para ele falar "errado" diferente é a palavra correta, é motivo para ser ridicularizado inferiorizados pelos que julgam dominar a norma culta da língua.

Estudo sobre a Redação II

Chamaremos o aluno da redação II de aluno **B** também com 15 anos de idade, gênero feminino residente na zona rural do mesmo município, filho de agricultores com baixa escolaridade. Este aluno embora esteja em um ambiente rural como os demais alunos e sofrer influência pela linguagem característica do lugar mantém uma linguagem mais próxima do padrão, isso se explica porque este aluno ler com frequência e tem conhecimento de algumas das regras gramaticais que são cobradas.

Na sua escrita teremos uma visão ampla do que seria o preconceito linguístico no parágrafo inicial encontramos "vivemos em um planeta enorme, e consequentemente existem muitos tipos de linguagem, umas são cultas, outras não..." mas também vemos uma visão preconceituosa quanto este aluno diz que existe uma linguagem culta e outra não, o que nos dar a entender que este aluno já tem uma noção do que seja o preconceito linguístico e do que isso implica na sociedade, sabe da pluralidade da língua, tanto é que em um outro parágrafo ele cita "E por não seguir as normas impostas sofre preconceito linguístico" é portanto conhecedor da existência de variantes linguísticas que estão dividindo espaço com a língua dita culta.

Podemos ver que mesmo com pouco conhecimento do assunto o aluno consegue organizar bem suas ideias, sabe se posicionar diante do preconceito, no último parágrafo de sua redação ele vai dizer que "...E não é justo achar que só tem uma linguagem certa, todos os jeitos devem ser respeitados..." mas é justamente isso que se pretende um maior conhecimento sobre o tema, para que estas variantes não passem despercebidas, elas dividem espaço com as variantes de prestígios e merecem o mesmo respeito que estas.

Estudo sobre a Redação III

Aluno **C** gênero feminino 16 anos de idade residente na zona rural também filha de agricultores e com pouca escolaridade, o que implica o uso de expressões estigmatizadas, no entanto no que diz respeito ao preconceito linguístico ele afirma que deve-se respeitar todas as variações da língua. Em sua escrita teremos um posicionamento claro do que seja preconceito linguístico para esse aluno, no entanto mantem-se uma visão preconceituosa mesmo o aluno fazendo comparações entre os falares urbanos e os falares rurais "...se colocarmos uma pessoa do sitio e outra da cidade terá diferença na forma linguística."

A visão preconceituosa é percebida quando o mesmo aluno diz que deve-se ajudar quem fala diferente e não critica, como ajudar? Deve-se respeita. O que determina que falar diferente é falar errado? Nesse mesmo texto além de falar das variantes urbano/rural o aluno também comenta sobre a variação regional e dar exemplos de falares particular de determinada região no caso o da região nordeste onde podemos encontrar as expressões "marmininu" "oxe" que são tipicamente nordestinas que em outras regiões são ridicularizadas. É visível a confusão ao mesmo tempo que o aluno tenta defender a variação linguística acaba por usar de preconceito, na visão do aluno o falar diferente é merecedor de ajuda ou seja precisa ser corrigido.

Redação IV

O aluno **D** gênero masculino, tem 15 anos de idade filho de agricultores residente também na zona rural, sofre forte influência do falar rural o que explica o uso de expressões estigmatizadas, em sua redação, o aluno tem um posicionamento preconceituoso do falar caipira utilizado pelo Chico Bento na tirinha do Mauricio de Sousa, "anda existe muitas pessouas que usam esse modo de linguagem eles não falam comforme esta no dicionário na gramatica, e tambem não falam do modo serto na escola".

O aluno aborda as regras da gramática normativa que dita regras, nas visão dele a única forma que deve ser usada socialmente é a norma culta para poder haver entendimento, mesmo entendendo que o personagem sofre preconceito pelo seu falar caipira o aluno se posiciona de forma preconceituosa. No entanto deve ser visto que o preconceito linguístico já é algo cultural e não dar para culpar um aluno do ensino fundamental por tal comportamento visto que este não tem tanta informação e tão pouco uma instrução ou qualquer coisa do gênero que o faça ver que todas as formas de linguagem são normalmente aceitáveis do ponto de vista linguístico, no entanto deve ser evitado do ponto de vista da gramática, o que deve haver nesse caso é a adequação do discurso.

Redação V

Aluno **E** gênero feminino, 14 anos de idade, residente na zona rural, filha de agricultores sofre influência de linguagem estigmatizada, apresenta na sua redação a influência do meio sobre a linguagem explicando que mesmo que o indivíduo seja escolarizado utilizará termo característico da sua comunidade linguística "muita gente que estuda fala errado, mas não por que queira, e sim por vim de um lugar, que é acostumado a fala daquele modo".

Em outra parte de seu texto cita as gírias usadas e pouco compreendida pela sociedade, e cita também as palavras arcaicas muitas vezes usadas pelos mais velhos e que para os que utilizam a norma culta da língua está errado, mas como o aluno **E** defende é apenas o jeito de cada um, e esse jeito deve ser respeitado pelos demais. Nesta última redação encontraremos uma visão livre de preconceitos em momento algum o aluno refere a um tipo de linguagem com errada ou que deva ser mudada, corrigida, ajudada. Contudo reconhece que há um preconceito por parte dos que se dizem conhecedores das normas.

CONSIDERAÇÕES FINAIS

No que diz respeito à visão dos alunos sobre o preconceito linguístico podemos ver que se faz necessário uma explanação maior, visto que o conhecimento ainda é mínimo. Determinar certo e errado, procurar corrigir não deixa de ser um ato preconceituoso, se todas as formas de falar estão corretas e se até mesmo nosso português sofreu transformações até chegar ao que é hoje, por que determinar uma única variação como certa?

Portanto, todas as manifestações da falar estão corretas, pois não se pode cristalizar uma língua é ingenuidade acreditar na homogeneidade da língua, toda e qualquer língua viva sofre variação e jamais poderá ter uma única forma de falar. Faz parte do processo de construção da gramática que utiliza termos que consiga retratar graficamente uma língua, há uma necessidade de se criar variantes que facilite a comunicação com os demais falantes pois nem todos os usuários da língua terão domínio da escrita, mas utilizaram a fala para se comunicar.

Não é exclusividade do português estas variações, teremos variação no espanhol, no francês em todas as outras línguas. A língua é viva ela está em constante evolução não podemos paralisa-la, a fala é rápida, e voa. Como diz Bagno em A Língua de Eulália, "a língua voa, a mão se arrasta" (BAGNO, 2006, p. 81).

Faz-se necessário uma nova abordagem gramatical em sala de aula que considere a fala como seu objeto de estudo, é a língua falada o maior instrumento da comunicação, no entanto nas salas de aula é comum vermos apenas a abordagem da gramática normativa que prioriza a escrita, a representação gráfica, a sequência que se segue sujeito-verbo-predicado. Já a gramática cognitivo-funcional valoriza a falar o seu processo de construção, seu objeto de estudo passa a ser as adequações que os indivíduos são capazes de desenvolver em determinado ambiente, e não mais a escrita e os conjuntos de elementos responsáveis pela construção frasal que predominam na gramática estrutural.

Em síntese o que falta em sala de aula é uma abordagem mais ampla do que seria o preconceito linguístico visto que é base para que possamos valorizar as variantes estigmatizadas, para que essas não sejam vista como feio, errado, estropiado, mas sim como parte integrante da língua. Pois como nos coloca Leite, (2008, p. 107): "como as pessoas não vivem em grupos isoladas, ou seja, hipoteticamente, o grupo dos usuários cultos da língua de um lado e o dos usuários não-cultos de outro, há marcas linguísticas-discursivas que se misturam nos dois registros" não se pode dividi em certo ou errado já que a língua sofre esse processo de mistura entre o culto e o não culto.

Em resumo, o preconceito linguístico cresce e toma espaço quando consideramos uma variante melhor que outras, o que devemos entender é que todas tem seu espaço dentro da sociedade, algumas das variantes em especial as consideradas de prestígio vão se sobressair sobre as demais, enquanto as usadas pela classe desprestigiada vai ser alvo de críticas, é comum ridicularizarem os falares das classes não privilegiadas economicamente por acharem que o fato de terem pouca instrução implicará em um falar inferior o que sabemos não ser verdade, e este preconceito parte em especial dos que se consideram dominar a norma culta da língua.

É preciso lembrar que não tem língua melhor nem pior que outra, todas têm o mesmo objetivo servir a comunicação, e se fazem necessários estes tipos de adequação para se chegar ao entendimento pois nem todos os indivíduos de uma sociedade vão dominar as variantes de prestígio que serve apenas para o papel, já na oralidade não se pode seguir todas as regras da gramática normativa, é neste ponto que sugerimos uma nova abordagem gramatical, que considere o que o indivíduo traz de bagagem, os conhecimentos cognitivos, aqueles que ele adquiri no convívio social pois esta linguagem, os termos usados e tudo que a constrói são importante para sua comunicação.

Pode ser visto nas análises feitas durante nosso trabalho o preconceito por parte dos alunos, muitas vezes com o seu próprio modo de falar, consideram inferior aos outros falares, mas isso porque nos foi imposto desde nossos primeiros anos na escola que a única variante válida é a usada nas gramaticas.

O preconceito linguístico é presente por parte de alunos e professores visto que eles são obrigados a seguirem as regras da gramática normativa, que prescreve o que tem que ser dito e escrito seguindo um manual da língua, porém esse manual não serve a todos, nem todos tem domínio das regras descritas, e segue por um outro caminho a variação linguística, na busca por uma comunicação os usuários do português adequa sua linguagem ao contexto seguindo um sistema já internalizado, mas não seguem as regras descrita pela Gramatica Normativa, no entanto seguem o sistema da Gramática Internalizada que em resumo são regras que o indivíduo traz consigo, e consegue facilmente se comunicar com os demais usuários da língua.

Por tanto o que alimenta o preconceito linguístico é a obrigatoriedade de seguir regras e a tentativa de cristalizar a língua, mas a partir do momento em que entendermos que as variações se fazem necessárias para que a comunicação aconteça e até mesmo para o crescimento da língua, conseguiremos aos poucos acabar com a prática desse preconceito, obviamente não será assim do dia pra noite a um longo caminho a ser percorrido.

O combate ao preconceito linguístico nos possibilitará ver como a nossa língua é rica e como as variações e mudanças sofridas por determinada língua é de grande valia para o crescimento linguístico. A subjetividade da língua e sua adaptação as diferentes situações devem ser levadas em consideração no ensino de gramática nas escolas, além disso, poderia ser vista uma nova abordagem não só a gramática normativa e assim quem sabe um dia o preconceito seja algo extinto de nossa sociedade.

Após o termino desse trabalho o que se espera é que o preconceito seja combatido e não mais alimentado pela imposição de regras gramaticas e pela visão preconceituosa da sociedade. O ensino de língua materna tem que servir a uma maioria de usuários e não para uma pequena parcela, não se deve priorizar uma variante por ser utilizada pela camada privilegiada da sociedade e sim toda e qualquer manifestação linguística. Esperamos por tanto que os professores de língua portuguesa consigam inserir no currículo escolar de seus alunos o ensino de linguística que embora já seja cobrado é pouco cumprido visto que os alunos pouco sabem do assunto. Mas isso é discursão para os trabalhos que virão.

REFERÊNCIAS

AZAMBUJA, Elizete Beatriz. **O preconceito linguístico**: algumas considerações. Revista de letras da universidade católica de Brasília, vol. 5, n. 1, ano v, jul./2012.

BAGNO, Marcos. **O preconceito linguístico**: o que é, como se faz. São Paulo: Loyola, 1999.

BAGNO, Marcos. **Preconceito linguístico**. 56. ed. São Paulo: Parábola Editorial, 2015.

BAGNO, Marcos. **Gramática de bolso do português brasileiro**. São Paulo: Parábola Editorial, 2013.

BORTONI-RICARDO, Stella Maris. **Educação em língua materna**: a sociolinguística em sala de aula. São Paulo: Parábola Editorial, 2014.

CLEMENTE, Thalita Fernandes **As Concepções de Gramática e sua prática em sala de aula**, Anais do XVI CNLF. Rio de Janeiro: CIFEFIL, 2012.

COELHO, Izete Lehmkuhl et al. **Para conhecer a sociolinguística**. São Paulo: Contexto, 2015.

LEITE, Marli Quadros, **Preconceito e intolerância na linguagem**. São Paulo: Contexto, 2008.

PERINI, Mário A. **Gramatica do português brasileiro**. São Paulo: Parábola Editorial, 2010.

POSSENTI, Sírio. **Por que (não) ensinar gramática na escola**. Campinas: Mercado de Letras: Associação de Leitura do Brasil, 1996.

TARALLO, Fernando. **A pesquisa sociolinguística**. 8 ed. São Paulo: Ática, 2007.

3. A IMPORTÂNCIA DOS GÊNEROS TEXTUAIS E DISCURSIVOS NAS AULAS DE LÍNGUA MATERNA[4]

Michele Fragoso Martins
Adilio Junior de Souza

1. INTRODUÇÃO

O presente capítulo é uma revisão bibliográfica que busca analisar as noções de gêneros textuais e discursivos, tendo em vista definições que descrevem a importância de tais em sala de aula.

Por se tratar de um capítulo de revisão, a pretensão é ampliar a discussão estabelecendo uma análise crítica da maneira de se trabalhar determinados gêneros. O estudo desse tema não tem a finalidade de acabar com as pesquisas relacionadas, mas sim expor resultados de uma investigação no ensino de aprendizagem da linguagem.

Essa pesquisa traz em si uma revisão, tendo como aporte teórico fundamental os estudos dos gêneros do discurso na perspectiva de Bakhtin (1997; 2003), Marcuschi (2003), Travaglia (1991), Todorov (1980), Bazerman (2011) além de outros.

Para uma discussão coerente e esclarecedora, a primeira parte deste trabalho faz uma discussão teórica sobre gêneros textuais e discursivos e suas implicações para o processo de aprendizagem e desdobramentos para o ensino de língua materna, a partir de importantes autores que desenvolvem uma abordagem teórica sobre o referido assunto.

[4] Este capítulo é uma revisão do Trabalho de Conclusão de Curso "A importância dos gêneros textuais e discursivos na sala de aula", produzido no ano de 2016, no Curso de Letras da Unidade Descentralizada de Campos Sales - UDCS/URCA, orientado pelo professor Adilio Souza.

Pretende-se com isso, trazer algumas descobertas, desse modo, o objetivo deste trabalho é propiciar incentivo para o uso desses gêneros em sala de aula. Portanto, o professor por meio do uso desses gêneros, pode assim engrandecer significativamente o entendimento e conhecimento de seus alunos.

O texto está dividido em partes, na primeira serão discutidas as definições e conceitos de gêneros textuais e discursivos, na segunda serão abordados os gêneros dentro da escola e sua importância em sala de aula, por fim, os resultados obtidos sobre esse tema.

2. PROCEDIMENTOS METODOLÓGICOS

O presente capítulo é uma revisão bibliográfica, feita a partir de procedimentos que partiram de uma revisão teórica em torno do tema em questão, no qual são apresentadas definições de gêneros textuais e discursivos e a importância dos gêneros dentro da escola, tendo em vista que são importantes tanto na vida social e cultural do ser humano, quanto para o ensino e aprendizagem da língua.

Os procedimentos metodológicos dessa pesquisa estão diluídos e organizados em torno de pesquisas bibliográficas, leituras de obras de estudiosos a respeito do tema aqui em questão, dissertações, artigos e em seguida foi feito o fichamento além de ter sido feita a coleta de dados de produções textuais de 10 alunos, aplicadas para uma turma de 7° ano do ensino fundamental da escola Antônio Alexandrino de Alencar de Araripe - CE, no qual foram examinados com base no aporte teórico dos estudos linguísticos: *Estética da Criação Verbal* de Bakhtin (1997), *Gêneros Textuais, Tipificação e Interação* de Bazerman (2011), Todorov (1980), Travaglia (1991), Marcuschi (2003) além de outros.

Para uma discussão coerente e esclarecedora, a primeira parte deste trabalho faz uma discussão teórica sobre gêneros textuais e gêneros discursivos e suas implicações para o processo de aprendizagem e desdobramentos para o ensino de língua materna, a partir de importantes autores que desenvolvem uma abordagem teórica sobre o referido assunto. Na sequência, são discutidas as perspectivas sociointeracionistas, nas quais esse objeto se inscreve, a fim de ressaltar as relações estabelecidas com a teoria dos gêneros textuais.

No entanto, essa é uma pesquisa qualitativa e descritiva que aborda em uma linguagem simples, a importância de trabalhar e conhecer a variedade de gêneros existentes.

3. GÊNEROS TEXTUAIS E DISCURSIVOS: CONCEITOS

A referência a gêneros textuais remete diretamente a textos orais ou escritos concretizados em eventos comunicativos. Essas entidades são as diferentes práticas discursivas que fazem parte de nossa vida nos diferentes âmbitos sociais que estamos inseridos, são textos definidos por sua composição, estilo e, principalmente por seus propósitos comunicativos, nascentes da união de forças históricas, sociais e culturais.

A preocupação com o estudo dos gêneros não vem de agora, não é uma matéria recente, é um estudo que leva os estudiosos a descobrirem que se adaptam as mudanças e transformações dentro da sociedade e que há várias definições que descrevem os gêneros textuais como ferramenta importante no ensino da linguagem.

Sabe-se que os gêneros textuais são muitos e que estão a todo instante circulando seja por meio da fala ou da escrita. Os gêneros são maneiras específicas de ser dos textos em uma determinada esfera de atividade e essas maneiras de ser envolvem os formatos dos textos ou sua forma de composição.

Os gêneros constituem a referência essencial para abordar a infinita variedade das práticas de linguagem e o meio de tratar a heterogeneidade dos textos. Uma vez que fazem mediação comunicativa da linguagem. A escolha de trabalhar com tanta variedade de gêneros é dos educadores, que por sua vez devem tornar isso como objeto de ensino.

Bakhtin (2003) define os gêneros discursivos como formas estáveis de enunciados que propõe a linguagem como um fenômeno social, histórico e ideológico. Ressalta ainda que são formas estáveis de enunciados que foram elaborados propriamente de acordo com as condições de comunicação de cada campo verbal.

> Todas as esferas da atividade humana, por mais variadas que sejam, estão sempre relacionadas com a utilização da língua. Não é de surpreender que o caráter e os modos dessa utilização sejam tão variados como as próprias esferas da atividade humana, o que não contradiz a unidade nacional de uma língua. A utilização da língua efetua-se em forma de enunciados (orais e escritos), concretos e únicos, que emanam dos integrantes duma ou doutra esfera da atividade humana (BAKHTIN, 2003, p. 280).

O discurso é existente a partir dos enunciados, considerando a comunicação discursiva real e concreta. É considerável que utilizamos o discurso como forma de enunciados sejam eles orais ou escritos. Dessa forma, os gêneros textuais podem ser considerados a materialização das várias práticas sociais que permeiam a sociedade, articulados de tal forma que são imprescindíveis à vida em sociedade. Em síntese, os gêneros são a efetiva realização da linguagem oral ou escrita.

Todorov (1980, p. 46), afirma que:

> De onde vêm os gêneros? Pois bem, simplesmente de outros. Um novo gênero é sempre a transformação de um ou de vários gêneros antigos: por inversão, por deslocamento, por combinação. Um "texto" de hoje (também isso é um gênero num de seus sentidos) deve tanto a poesia quanto ao romance do século XIX, do mesmo modo que a "comédia lacrimejante" combinava elementos da comédia e da tragédia do século precedente. Nunca houve literatura sem gêneros; é um sistema em contínua transformação e a questão das origens não pode abandonar,

> historicamente, o terreno dos próprios gêneros: no tempo, nada há de anterior aos gêneros.

Sendo assim conclui-se que no decorrer do tempo, os gêneros foram se adaptando as mudanças de acordo com os meios sociais e das tecnologias, e a partir disso iam surgindo outros, enquanto muitos se modificavam. Os gêneros aparecem com a fala e escrita devido às práticas sociais e culturais e através da produção textual.

Os elementos principais que um estudioso deve fundamentar para verificar o gênero pertencente a cada enunciado são, o conteúdo temático, o estilo e a forma composicional. Remetendo a interação comunicativa e dando ênfase de que os indivíduos falam e se comunicam através dos gêneros do discurso. Tendo em vista que os gêneros são dados por, conforme Bakhtin (2003, p. 282)," quase da mesma forma com que nos foi dada a língua materna, a qual dominamos livremente até começarmos o estudo da gramática. Isso leva a perceber que é no dia a dia que acontece o discurso e de várias formas.

Bazerman (2011, p. 32) define gêneros como:

> Gêneros são o que nós acreditamos que eles sejam. Isto é são fatos sociais sobre os tipos de atos de fala que as pessoas podem realizar e sobre os modos como eles as realizam. Gêneros emergem nos processos sociais em que pessoas tentam compreender umas as outas suficientemente bem para coordenar atividades e compartilhar significados com vistos a seus propósitos práticos. Os gêneros tipificam muitas coisas além de forma textual. São parte do modo como os seres humanos dão forma ás atividades sociais.

Por esse contexto Bazerman define que é através dos gêneros que as pessoas compreendem umas às outras e são comunicação e interação do cotidiano que tem características e propriedades próprias. São reconhecidos por possuírem características distintivas que nos diz muito sobre suas funções. Assim, gêneros textuais são atos de comunicação do cotidiano que possuem composição e estilo, e se caracterizam por exercer função social.

Bakhtin (1997, p.279-280) define os gêneros do discurso, fazendo reflexões sobre as variedades que esses gêneros apresentam.

> A riqueza e a variedade dos gêneros do discurso são infinitas, pois a variedade virtual da atividade humana é inesgotável, e cada esfera dessa atividade comporta um repertório de gêneros do discurso que vai diferenciando-se e ampliando-se á medida que a própria esfera se desenvolve e fica mais complexa. Cumpre salientar de um modo especial a heterogeneidade dos gêneros do discurso (orais e escritos), que incluem indiferentemente: a curta réplica do diálogo cotidiano (com a diversidade que esse pode apresentar conforme os temas, as situações e a composição de seus protagonistas), o relato familiar, a carta (com suas variadas formas), a ordem militar padronizada, em sua forma lacônica e em forma de ordem circunstanciada, o repertorio bastante diversificado dos documentos oficiais (em sua maioria padronizados), o universo das declarações públicas (num sentido amplo, as sociais, as politicas). E é também com os gêneros do discurso que relacionaremos as variadas formas de exposição cientifica e todos os modos literários (desde o ditado até o romance volumoso).

Isso nos permite perceber que os gêneros do discurso ou gêneros discursivos estão inteiramente interligados com a esfera de comunicação, voltando para o fato de que a utilização da língua ocorre através do gênero, e que a variedade dos gêneros são muito grande e que envolvem situações de conversas como fala e escrita muito além do cotidiano e até as formas discursivas mais elaboradas. Os gêneros textuais são meios utilizados para a efetivação da comunicação verbal e seu trabalho deve propiciar a participação do indivíduo na construção de sentido do texto.

Segundo Bazerman (2005, p.106), "cada pessoa, através da comunicação por gêneros textuais, aprende mais sobre suas possibilidades pessoais, desenvolve habilidades comunicativas e compreende melhor o mundo com que está se comunicando". Assim, cada pessoa se torna apta a participar ativamente dentro dos espaços discursivos que se inserem, comunicando e compreendendo melhor as situações comunicativas. Os gêneros, portanto, podem ser caracterizados conforme a atividade sócio-discursiva a que servem.

Tal como foi posta a concepção de gêneros textuais por esses estudiosos de diferentes correntes, evidencia-se que nas atividades de uso da linguagem, os gêneros se constituem como ferramentas semióticas que permitem e tornam possível a compreensão dos processos de produção, consumo e distribuição de textos dentro da sociedade.

Assim Bakhtin (1997, p. 282) propôs uma classificação:

> Não há razão para minimizar a extrema heterogeneidade dos gêneros do discurso e a consequente dificuldade quando se trata de definir o caráter genérico do enunciado. Importa, nesse ponto, em consideração a diferença essencial existente entre o gênero de discurso primário (simples) e o gênero de discurso secundário (complexo). Os gêneros secundários do discurso – o romance, o teatro, o discurso científico, o discurso ideológico etc. – aparecem em circunstâncias de uma comunicação cultural, mais complexa e relativamente mais evoluída, principalmente escrita: artística, científica sociopolítica.

Essa situação demonstra que ambos têm a mesma essência o que diferencia uns dos outros é a complexidade de cada um. Demonstra ainda a importância e eficiência que há a partir do ensino de linguagem acerca dos gêneros do discurso. Portanto os gêneros existentes são muitos e existem em forma de enunciados considerados unidades de comunicação, sendo assim a chave importante para definir os gêneros do discurso.

> Já se tornou trivial a ideia de que os gêneros textuais são fenômenos históricos, profundamente vinculados á vida cultural e social. Fruto de trabalho coletivo, os gêneros contribuem para ordenar e estabilizar as atividades comunicativas do dia-a-dia. São entidades sócias distintivas e formas de ação social incontornáveis em qualquer situação comunicativa. No entanto, mesmo apresentando alto poder preditivo e interpretativo das ações humanas em qualquer contexto discursivo, os gêneros não são instrumentos estanques e enrijecedores da ação criativa. Caracterizam-se como eventos textuais altamente maleáveis, dinâmicos e plásticos (MARCUSCHI, 2003, p. 19).

No entanto os gêneros constituem a referência essencial para as infinitas variedades das práticas de linguagem e o meio de tratar a heterogeneidade dos textos, uma vez em que fazem mediação comunicativa com o uso da linguagem e interação com o meio social e cultural.

4. A IMPORTÂNCIA DOS GÊNEROS TEXTUAIS NA ESCOLA

Os gêneros passaram a ser considerados como grandes instrumentos na aprendizagem da leitura e escrita da língua materna, uma vez que se “os textos se manifestam sempre num outro gênero textual, um maior conhecimento do funcionamento do gênero é importante tanto para a produção como para a compreensão" (MARCUSCHI, 2002, p. 32).

Diante do que foi dito, é necessário ressaltar que:

> Cabe ao professor, portanto, criar condições para que os alunos possam apropriar-se de características discursivas e linguísticas de gêneros diversos, em situação de comunicação real. Isso pode ser feito com muita eficiência por meio de projetos pedagógicos que visem ao conhecimento, a leitura, a discussão sobre o uso e as funções sociais dos gêneros escolhidos e, quando pertinente, a sua produção escrita e circulação social (LOPES-ROSSI, 2011, p. 71).

É de suma importância o professor trabalhar os diversos tipos de gêneros que fazem parte do cotidiano, para que os alunos possam compreender que o texto é construído diariamente nos momentos de comunicação tanto escrito quanto falado, e não apenas as formas com a qual a escola vem trabalhando – descrição, narração e dissertação.

> Toda introdução de um gênero é o resultado de uma decisão didática que visa a objetivos precisos de aprendizagem que são sempre de dois tipos: trata-se de aprender a dominar o gênero primeiramente, para melhor conhecê-lo, melhor produzi-lo na escola e fora dela, e, em segundo lugar, para desenvolver capacidades que ultrapassam o gênero e que são transferíveis para outros gêneros próximos ou distantes. (SCHNEUWLEY; DOLZ, 2004, p. 10).

Nesse contexto de aprendizagem dos gêneros, os professores têm entre seus objetivos o propósito de fazer os alunos aprenderem e para isso acontecer será necessário planejar atividades que eles venham a construir conceitos teóricos em sala de aula e aprender a utilizá-los fora e dentro da sociedade. Dentro da escola o gênero textual produz um desdobramento que passa a ser um instrumento de comunicação e um objeto de aprendizagem.

Schneuwly e Dolz (2004, p. 09) ressaltam ainda que:

> A representação do gênero na escola pode, então, ser descrita como segue: trata-se de levar o aluno ao domínio do gênero, exatamente como este funciona (realmente) nas práticas de linguagem de referência. Assim, estas últimas constituem, senão uma forma a atingir de imediato, ao menos um ideal que permanece como um alvo. Decorre daí que textos autênticos do gênero considerado entram tais e quais na escola. Uma vez dentro da escola, trata-se de (re)criar situações que devem reproduzir as

> práticas de linguagem de referência, com uma preocupação de diversificação claramente marcada.

É tarefa do professor, construir o conhecimento e a importância dos gêneros dos nossos alunos e, fazer com que eles descubram o que já sabem sobre a aprendizagem da língua e conscientizá-los ainda que é importante conhecer bem o domínio da linguagem para se produzir bons textos falados/escritos, coesos, coerentes, criativos, relevantes, entre outros. Além de que a importância de se trabalhar com os gêneros se torna eficaz, pois aproxima os alunos do seu cotidiano através dos textos que são reais e produzem significados, estimulando a produção e interpretação.

Dito de outro modo:

> A leitura de gêneros na escola nem sempre pressupõe a produção escrita. Esta, no entanto, pressupõe sempre atividades de leitura para que os alunos se apropriem das características dos gêneros que produzirão. É por isso que um projeto pedagógico para produção escrita deve sempre se apropriarem das características típicas do gênero a ser produzido (LOPES-ROSSI, 2011, p. 72).

Nesse contexto, a escola deve trabalhar com projetos pedagógicos envolvendo os gêneros, levando em consideração que somente a leitura não facilita a aprendizagem, apenas faz uma aproximação do que será produzido. É considerável também que a partir do momento em que os gêneros discursivos passam a ser objetos de estudo da linguagem, é nesse momento que a escola precisa iniciar o trabalho com textos que circulam no ambiente social do indivíduo.

Como já foi exposto, o trabalho na escola com as variedades de determinados gêneros e o reconhecimento das estruturas formais e de sentido que o compõe, contribuem para o desenvolvimento das competências sócio-comunicativas. No entanto, lidar com os gêneros textuais consiste ainda numa oportunidade de lidar com a linguagem em seus mais diversos usos no dia a dia.

Assim objetiva-se que o aluno tenha total domínio de alguns gêneros, que são suportes para que aprendam outros, e que sejam similares aos abordados na escola, tendo em vista que se pode "desenvolver capacidades que ultrapassem o gênero e que são transferíveis para outros gêneros próximos ou distantes" (DOLZ; SCHNEUWLY, 2004, p. 80).

Esses autores defendem que na escola são realizadas seleções quais propriedades dos gêneros textuais são abordadas dentro do contexto escolar e os modos como são feitos, como implicam em maior ou menor distanciamento das práticas sociais nas quais tais gêneros circulam. Eles defendem ainda que é necessário instrumentalizar os alunos para usos autênticos da linguagem, expondo-as a verdadeiras situações de comunicação, sem perder de vista o foco que é a necessidade de reflexão sobre determinados textos fora dessas situações de comunicação.

5. DISCUSSÃO DOS RESULTADOS

Este estudo de revisão bibliográfica teve como objetivo discutir questões, e conceitos centrais relativos aos processos e importância de ensino e aprendizagem da linguagem, sob á ótica da teoria dos gêneros textuais referentes ao aporte teórico citado. Os gêneros são entendidos, de acordo com o que é postulado no documento, como ações comunicativas sociais, em outras palavras, instrumentos versáteis e fundamentais para o ensino e aprendizagem de língua materna.

Sendo assim, notoriamente, por proporem o trabalho com textos pelo viés dos gêneros textuais, esses estudiosos trazem propostas em que se ressalta o esforço para a promoção da reflexão e de sua transposição para o contexto educacional de ensino de língua materna por meio do estudo de variados gêneros.

Alisando as dissertações produzidas pelos os alunos do 7° ano do ensino fundamental II da escola Antônio alexandrino de Alencar de Araripe -

CE, é possível perceber algumas dificuldades apresentadas no momento da escrita, tanto em relação à escrita quanto à coesão do texto. Ex.:

COMBATE A DENGUE

Eu acho que, para aver o combate total do mosquito a PoPulacaõ deve acabar com os criadouros, porque si não houvesse onde o Aedes aegypti se reproduzice não teriamos tantas doenças e tantas mortes.

Certo que existe muitas palestras de conscientização e varios agentes visitando as residencias mas só isso não basta, tem que haver um plano de controle do governo vindo da nossa presidente, porque essas doenças não são de agora, mas de muito tempo atrás.

A Polutação deve fazer de tudo para evitar mais criadouros, para que não haja mais devastação e tantos problemas para as gerações futuras.

Figura 1. Redação 01

Fonte: arquivo pessoal

Nesse texto é possível notar que o aluno já iniciou o parágrafo com palavras inadequadas, e no decorrer da escrita cometeu ainda erros ortográficos. Percebe-se também que o aluno tem consciência de que gênero se trata, mas ainda não é capaz de produzir um texto coeso, e usar palavras adequadas tanto ao iniciar parágrafos assim como no decorrer do texto. É nesse momento que o professor deve interferir e ajudar o aluno a produzir um bom texto, tendo em vista o gênero a ser produzido.

Ex.:

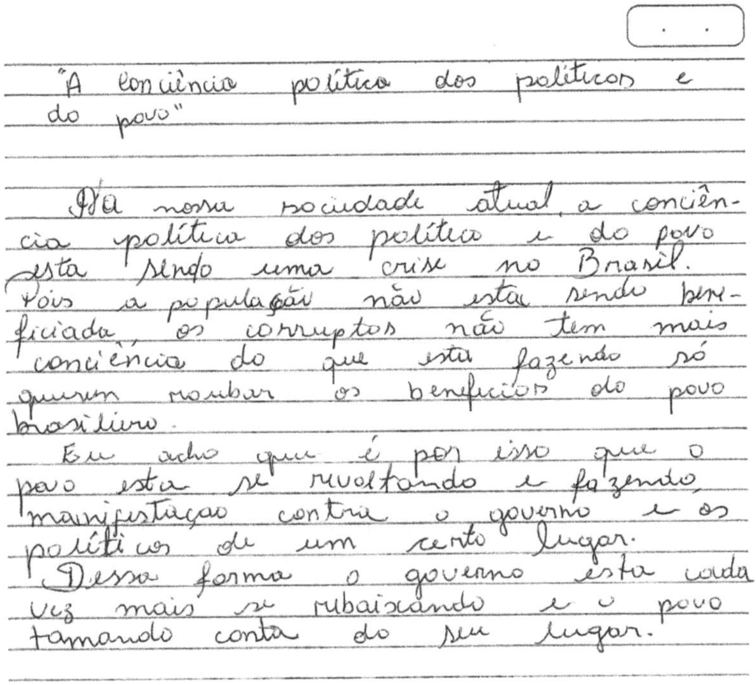
"A conciência política dos políticos e do povo"

Na nossa sociedade atual, a conciên-cia política dos político e do povo esta sendo uma crise no Brasil. Pois a população não esta sendo bene-ficiada, os corruptos não tem mais conciência do que esta fazendo só querem roubar os benefícios do povo brasileiro.

Eu acho que é por isso que o povo esta se revoltando e fazendo manifestação contra o governo e os políticos de um certo lugar. Dessa forma o governo esta cada vez mais se rebaixando e o povo tomando conta do seu lugar.

Figura 2. Redação 02

Fonte: arquivo pessoal

Nesse outro exemplo nota-se também que foram cometidos os mesmos erros que no primeiro exemplo. Percebe-se também que em alguns parágrafos, os alunos demonstram conhecimentos do gênero em foco, quanto ao conteúdo, mas acabam apresentado dificuldades em escrever o texto em terceira pessoa e acabam utilizando em primeira.

Estas dissertações tiveram por objetivos investigar formas de se utilizar os gêneros textuais como ferramenta para o ensino da linguagem. Tendo como objetivo a importância das ferramentas didáticas em sala de aula.

Porém, para que as premissas apresentadas e na teoria dos gêneros textuais se efetivem no contexto educacional, é de suma importância que as discussões e as pesquisas desenvolvidas na esfera de ensino superior alcancem as salas de aula, a fim de que os professores se mantenham em permanente aperfeiçoamento.

Dessa forma, os educadores poderão ficar familiarizados e até mesmo aptos a aplicarem as sugestões para o ensino apontadas nesse documento, bem como a referida teoria para edificar uma educação de qualidade, que aborde textos originais e explore a criticidade dos estudantes levando em conta as dificuldades apresentadas no decorrer doas produções e na identificação dos gêneros trabalhados.

Portanto, cabe ao término desse estudo, ressaltar a importância de usar este documento juntamente com a teoria dos gêneros textuais como orientações de trabalho, assim como temas de discussões em contextos de ensino superior, mas principalmente em ambientes de ensino escolar, com o intuito de motivar esses profissionais em serviço a refletirem e inovarem suas práticas didáticas, de tal forma que possam aprimorar suas posturas pedagógicas em relação aos processos de ensino e aprendizagem da língua, pois o ensino da linguagem utilizando os gêneros ainda é bastante crítico e cabe a cada professor saber lidar com tais gêneros.

É necessário que a escola adote uma forma adequada para trabalhar com as variedades de gêneros, pois estão em constantes mudanças. E é papel do professor despertar nos alunos o prazer pelo diferente. Sabendo-se que qualquer texto tem como função principal a interlocução, é necessário que haja uma abordagem textual para reconhecer as grandes diversidades que existem em diversos tipos de texto e características em que são utilizados.

Os professores nesse contexto têm como objetivos fazer com que os alunos aprendam, e para isso é preciso que seja feito um planejamento das atividades que serão trabalhadas, e que os alunos venham a construir seus próprios conceitos.

Levando em consideração de que os gêneros são de suma importância para a comunicação do dia-a-dia, e para o ensino da linguagem, pois é através dos gêneros que nos comunicamos e com isso vem trazendo novos gêneros e formas de comunicação.

Com base no aporte teórico fica compreendido que estas leituras proporcionaram domínio de grande relevância acerca do tema, trazendo uma grande reflexão de que precisamos estar aptos aos gêneros textuais e discursivos e as suas mudanças no decorrer do tempo.

É preciso também que o ato de ler e escrever faça parte da vida cotidiana de cada ser falante/ouvinte e que essa prática não deixe de fazer parte dentro do ambiente escolar. Através das vivências nas situações de comunicação e do contato com diferentes gêneros que surgem no cotidiano as competências linguísticas entre falante/ouvinte produtor de enunciados.

Dessa forma, a diversidade de trabalhar com a variedade de textos na escola, facilita a construção de conhecimentos das práticas de linguagem dentro do meio sócio-histórico e cultural. É importante também refletir sobre o conceito e os modos como os gêneros se inserem na prática pedagógica.

Por fim, é ressaltado ainda que as variações dos gêneros textuais e discursivos merecem uma melhor reflexão, por se tratar de uma questão importante na construção do conhecimento e aprendizagem dos alunos, é necessário que os estudos se aprofundem acerca do tema e das reflexões aqui mencionadas.

CONSIDERAÇÕES FINAIS

Este estudo teve como objetivo discutir questões centrais relativas aos processos de ensino e aprendizagem da linguagem sob á ótica da teoria dos gêneros textuais, no qual os gêneros são entendidos como ações comunicativas sociais, em outras palavras, instrumentos versáteis e fundamentais para o ensino e aprendizagem da língua.

Ao conceber a linguagem como prática social, os estudos dos gêneros contemplam o objetivo primordial da educação que é formar indivíduos que desenvolvam o exercício da cidadania, isto é, tornem-se aptos a atuar de forma crítica e produtiva na sociedade, transformando-a continuamente através de suas ações verbais.

O gênero do discurso está presente nas relações interpessoais e é através da comunicação que surgem vários outros gêneros, assim, pode-se entender melhor a importância no ensino da língua. Os gêneros são chaves importantes para a comunicação do dia a dia. Estão presentes na nossa fala, e vem ganhando espaço de acordo com as mudanças na sociedade.

Diante da necessidade da utilização deste instrumento de aprendizagem em sala de aula, não se pode deixar de perceber que, através da linguagem que é possível ultrapassar os limites da forma linguística, analisando não só a diversidade de significação, mas também os mundos em que circulam.

O professor precisa ainda atualizar-se sempre e fornecer aos alunos leituras que também possam ampliar seu conhecimento para além do senso comum, pois só assim o aluno terá condições de iniciar bem a produção escrita. Por isso, os questionamentos aqui propostos podem apresentar bons resultados se o professor tiver conhecimentos necessários para auxiliar o aluno na ampliação do que fica inferido no texto escrito, principalmente por causa da falta de leitura.

A prática textual, na escola, tem sido um martírio não só para os alunos, mas também para os professores. De um lado para o professor vem a decepção de ver textos mal redigidos, por outro existe a sensação de incapacidade que o aluno carrega como marca de sua incompetência textual. De fato os gêneros textuais formadores de leitores de modo a capacitá-lo no reconhecimento de práticas discursivas, cabe ao professor ser um facilitador, um orientador no percurso discursivo textual.

A metodologia utilizada para desenvolver a analise de *corpus* desta pesquisa foi eficaz, pois possibilitou o cumprimento dos objetivos almejados, no qual houve uma investigação bibliográfica sobre as formas de se utilizar os gêneros textuais como ferramenta para o ensino da linguagem.

Os resultados desta pesquisa e as discussões podem ser vistos como ponto de apoio para uma reflexão sobre o ensino em todos os seus níveis. É esperado também que esta pesquisa possa contribuir significativamente para o ensino e aprendizagem e perceber a importância de direcionar o ensino como práticas efetivas da linguagem, explorando no ensino da escrita. Além de que os resultados demonstram ainda que é através dos gêneros textuais e discursivos que nos comunicamos.

Por fim, é evidenciado que devemos ter consciência de não estar chegando ao fim de um trabalho, sobretudo, ao início de outras discussões pertinentes, que possam subsidiar pesquisas futuras.

REFERÊNCIAS

BAKHTIN, M. M. **Estética da criação verbal**. Tradução feita a partir do francês por Maria Ermantina Galvão G. Pereira. São Paulo: Martins Fontes, 1997.

BAKHTIN, M. M. **Estética da criação verbal.** São Paulo: Martins Fontes, 2003.

BAZERMAN, Ângela Paiva Dionísio. **Gêneros textuais, tipificação e interação**. Ângela Paiva Dionísio Bazerman e Judith Chambliss Hoffnagel (orgs.). Tradução e adaptação de Judith Chambliss Hoffnagel;. 4. ed. ,São Paulo: Cortez, 2011.

LOPES-ROSSI, M. A. G. (org.), **Gêneros discursivos no ensino de leitura e produção de textos**. Taubaté: Cabral Editorial e Livraria Universitária, 2002.

MARCUSCHI, Luiz Antônio; XAVIER, Antônio Carlos. **Hipertexto e gêneros digitais**: novas formas de construção de sentido. São Paulo: Cortez, 2010.

MARCUSCHI, Luiz Antônio. Gêneros textuais: definição e funcionalidade. In: DIONÍSIO, Ângela *et al*. **Gêneros textuais e ensino**. Rio de Janeiro: Lucerna, 2002.

SCHNEUWLY, B.; DOLZ, J. **Gêneros orais e escritos na escola**. Trad. e Org.: R. Rojo e G. S. Cordeiro. Campinas: Mercado de Letras, 2004.

TODOROV, T. **Os gêneros do discurso**. São Paulo, Martins Fontes, 1980. Disponível em: <http://www.ufjf.br/revistaedufoco/files/2012/08/Texto-05.pdf>. Acesso em: 01 nov. 2015.

TRAVAGLIA, Luiz Carlos. **Um estudo textual-discursivo do verbo no português**. Campinas, Tese de Doutorado / IEL / UNICAMP, 1991.

4. PRECONCEITO LINGUÍSTICO: UM ESTUDO CRÍTICO[5]

Maria Ester da Silva

Adilio Junior de Souza

1. INTRODUÇÃO

O preconceito linguístico tem sido um tema amplamente discutido por vários estudiosos (BAGNO, 2005; 2013; 2015; SOUZA, 2015; 2017; BORTONI-RICARDO, 2009). Estes pesquisadores perceberam que o preconceito contra a língua e contra os modos diferentes de uso desse sistema, é um dos problemas mais graves enfrentados pelo professor de língua materna (POSSENTI, 1998).

Os procedimentos metodológicos empregados para a confecção desse capítulo é a revisão de literatura, tendo em vista, primeiramente, a leitura da teoria sociolinguística variacionista em livros, sites, artigos, entre outros meios que fundamentaram essa reflexão.

Após a seleção do material de leitura, foi feita a exposição do assunto, fundamentando as observações das análises em sintonia com os conceitos teóricos da sociolinguística variacionista e a literatura que se refere ao preconceito linguístico. Na exposição dos itens e marcadores externos e internos das variantes linguísticas, demonstramos os fenômenos que caracterizaram essa ocorrência não como "erros", mas como diferentes maneiras de articulação da língua.

---

[5] Este capítulo é uma revisão do Trabalho de Conclusão de Curso "O preconceito linguístico nas aulas de língua materna: um estudo crítico", produzido no ano de 2017, no Curso de Letras da Unidade Descentralizada de Campos Sales - UDCS/URCA, orientado pelo professor Adilio Souza.

Esse estudo abrangeu o meio social e econômico, assim como também a faixa etária, buscando sempre entender como ocorre o preconceito linguístico e, consequentemente, a variação linguística.

O presente trabalho é dividido nas seguintes seções: Na introdução, fizemos a explanação da reflexão sobre o preconceito linguístico; em seguida, apresentamos o percurso metodológico da pesquisa, onde mostraremos quais os procedimentos metodológicos adotados para a realização desse capítulo; depois, discutimos o preconceito linguístico sob o olhar dos estudos linguísticos, aproveitamos para discutir o modo como a teoria linguística encara essa temática; por fim, fizemos algumas discussões acerca do ensino de língua portuguesa, confrontando com o debate sobre o preconceito linguístico.

Na conclusão, buscamos conduzir a comunidade acadêmica a uma reflexão sobre essa temática, ressaltamos, também, que não temos a pretensão de apresentarmos uma solução radical para a correção dessa ocorrência. Na realidade, ela não precisa de correção, mas de compreensão. Elencamos os principais fatos observados na revisão da bibliografia, bem como nas impressões causadas por essas leituras, a fim de construirmos uma reflexão fundamentada no aporte teórico oriundo da sociolinguística variacionista, tendo como foco principal, discutir sobre o preconceito linguístico.

2. PERCURSO METODOLÓGICO DA PESQUISA

Esse trabalho tem como objetivo apresentar o preconceito linguístico existente na sociedade. Este estudo está fundamentado em trabalhos de teóricos da área da linguística que se preocupam em estudar a variação da língua e seus diversos modos de articulação usados pelo falante. Bagno

(2005; 2015) é um dos principais teóricos que defende a ideia do uso social da língua, segundo ele o "defeito" do uso da língua está no sistema educacional e não no falante. É nesse e outros pontos que esse trabalho quer focar, evidenciando que o mau uso da fala não está na natureza de quem faz a linguagem.

Assim sendo, mesmo em uma sociedade cada vez mais informada ainda é grande a deficiência no uso da língua culta, isso gera uma carga de preconceito, há uma exclusão dessas pessoas da esfera escolarizada, muitas vezes esse problema é causado pela falta de atenção por parte do sistema educacional.

Nesse trabalho observa-se como acontecem esses fenômenos linguísticos; estes fenômenos serão estudados por meio de levantamento bibliográfico por meio de estudo de fontes. O objetivo é trazer uma reflexão acerca da variação linguística através de estudos sociolinguísticos, tendo como alvo a língua materna e a realidade da sociedade brasileira. Essa questão está explicitada no livro *Educação em língua materna: a sociolinguística na sala de aula*, de autoria de Stella Maris Bortoni-Ricardo (2009), no qual, lemos:

> Até hoje, os próprios professores não sabem muito bem como agir diante dos chamados "erros de português". Estamos colocando a expressão "erros de português" entre aspas porque consideramos inadequada e preconceituosa. Erros de português são simples *diferenças* entre variedade da língua. Com frequência, essas diferenças se apresentam entre a variedade usada no domínio do lar, onde predomina uma cultura de oralidade, em relações permeadas pelo afeto e informalidade (BORTONI-RICARDO, 2009, p. 37).

Esta dificuldade destacada pela autora nos faz refletir sobre o ensino e as dificuldades enfrentadas pelos docentes, que muitas vezes acabam por serem taxados como preconceituosos exatamente pelo fato praticarem a correção dos usos da língua, tendo como base única e exclusivamente a gramática tradicional.

O preconceito linguístico é na verdade uma incompreensão por parte da minoria escolarizada que defende a exclusão da língua das pessoas que não tem uma linguagem culta, porém essa linguagem cresce com os falantes variantes, pois segundo Bagno (2015, p. 107) a língua "é viva, dinâmica, está em constante movimento — toda língua viva é uma língua em decomposição e em recomposição, em permanente transformação", nesse trabalho, portanto, mostraremos que essa contribuição é fundamental para a evolução da língua materna.

O motivo que nos leva a estudar essa temática é a razão pela qual há tanto preconceito com a articulação da linguagem por parte da sociedade com aqueles que não tiveram a oportunidade de estudar, mas que utilizam a língua de acordo com a sua realidade, e assim constroem uma relação linguística que lhes favoreçam a comunicação. Sabendo que a intenção não é construir uma resistência ao preconceito, mas elaborar uma reflexão através de análise com base em teorias e observação de fatos apanhados em consulta a comunidade de falantes.

A comunicação é uma relação social. Portanto, a linguagem é produzida nesse meio interacional. Então essa abordagem terá o compromisso de refletir sobre a questão do preconceito linguístico, que é a incompreensão da variedade de articulação da língua, seja ela de natureza fonético-fonológica, morfológico ou em outras partes do sistema linguístico. Mostrando a sociedade que na realidade não existe o preconceito, porém uma circunstância produzida por inúmeros fatores que viabilizam essa prática de exclusão dos "falantes caipiras" do meio linguístico escolar.

A literatura sociolinguística ainda não chegou a todas as escolas brasileiras, estas que são os principais meios de divulgação das pesquisas acadêmicas. Alguns fatores levam a essa deficiência, mas a principal delas é a escassez de fontes didáticas baseadas em pesquisas que ajudem a suprir essa carência. Mesmo algumas comunidades de falantes sendo de estatística pequena realizam a utilização da linguagem e nisso acontece os fenômenos das variantes da língua, então tem importância à investigação acadêmica. Os problemas linguísticos estão distantes dos principais centros de pesquisa, porém, discutir cientificamente torna um pequeno problema em uma grande pesquisa, e contribui na construção de grande banco de dados a respeito do preconceito linguístico que convive na realidade comunicativa da língua em geral.

O objetivo geral desse estudo é analisar uma reflexão que contribua com a compreensão do preconceito linguístico, que é uma incompreensão do modo de articular particular do falante. Os objetivos específicos são investigar como acontece o preconceito linguístico na sociedade brasileira; focar uma resposta flexível à análise do objetivo geral e da justificativa pessoal, social e científica desse trabalho.

Nas discussões, daremos ênfase às principais formas de ocorrência do preconceito linguístico, visando o principal veículo de propagação da mensagem, a fala, nesse aspecto o falante é mais vulnerável a cometer os supostos "erros" que a minoria escolarizada que os julga como infratores da língua culta.

3. O PRECONCEITO LINGUÍSTICO SOB O OLHAR DOS ESTUDOS LINGUÍSTICOS

Quando falamos de preconceito, não acreditamos ser algo que tenha tanta relevância, mas existe um debate articulado em torno dessa questão, porém o preconceito dentre os vários que existem, o que mais tem repercussão negativa é o preconceito racial, mas existem outros que se difundem no meio social, como qualquer outro preconceito que parte de conceitos preestabelecidos por falta de conhecimento prévio acerca do assunto, principalmente como fenômeno social, isto é, falamos do preconceito linguístico. Vejamos o que diz alguns teóricos.

Com as novas pesquisas na área da linguística surge à necessidade de analisar as diferentes formas de articulação da língua, sabemos que o falante faz uso da comunicação de acordo com a sua necessidade, mas em alguns casos essa articulação não é compreendida, e cria-se uma situação de exclusão em relação à fala coloquial por "dogmáticos da língua padrão".

> De acordo com Bagno, ' preconceito linguístico é a atitude que consiste em discriminar uma pessoa devido ao seu modo de falar' como já dito esse preconceito e exercido por aqueles que tiveram acesso à educação de qualidade, à 'norma padrão de prestígio', ocupam as classes sociais dominantes e, sob o pretexto de defender a língua portuguesa, acredita que o falar daqueles sem instrução formal e com pouca escolarização é 'feio', e carimbam o diferente sob o rótulo do 'erro' (PAIVA, 2011, p. 44).

Por não falar a língua padrão, que é considerada pelos "dogmáticos" a norma de prestígio que não aceita variação de nenhuma natureza, uma vez que a língua é construída de fenômenos, e não são erros e sim processos de comunicação.

Desse modo, pelas razões de existir um ensino de língua portuguesa que vive de cultuar "a norma padrão de prestígio", é que o preconceito linguístico tornou-se uma polêmica, pois diante das pesquisas linguísticas é possível ver que a língua se faz por meio de fenômenos que estão intimamente ligados ao falante e sua condição social, política e regional entre outros fatores que influenciam na articulação da língua para a comunicação.

> O preconceito linguístico é um assunto bastante polêmico e essa discussão envolve a língua e a gramática normativa, é notável que existam regras na linguística que diz: "só existe língua se houver seres humanos que a falem". Eles falam a língua adaptando á sua realidade e que a mesma atenda sua necessidade de comunicação (BAGNO, 2005, p. 09).

Isso acarreta uma serie de confusões, cada região, cada cidade tem sua linguagem e suas variações e isso é até bom, vejamos se fossemos todos falantes da *norma culta* se não houvesse a variação linguística, provavelmente a nossa língua se tornaria uma língua morta, estática, que não se expande, vejamos o que diz Bagno (2015, p.13):

> Enquanto a língua é um rio caudaloso, longo e largo, que nunca se detém em seu curso, a gramática normativa e apenas um igapó, uma grande

> poça de água parada, um charco, um brejo, um terreno alagadiço, a margem da língua.

Vivemos em uma sociedade de culturas diversas e assim como existe a diversidade cultural há também diversos modos de articulação da língua que não devem ser taxados como “erro”. A sociedade não é culpada por falar “errado”, segundo os linguistas essa expressão “falar errado” não existe.

> Do ponto de vista estritamente linguístico, o erro não existe, o que existe são formas *diferentes* de usar os recursos potencialmente presentes na própria língua: se milhões de brasileiros dizem *trabaio* – e não “trabaco”, “trabavo”, “trabazo” etc. – é porque a transformação de “lh” em “i” é uma virtualidade prevista na própria arquitetura fonológica da língua portuguesa. Só se poderia falar em “erro” se cada cidadão errasse, individualmente e de modo particular, no momento de produzir aquele fonema (BORTONI-RICARDO, 2009, p. 08).

Nos dias atuais existe uma forte tendência de lutar contra as varias formas de preconceito, mas em relação ao *preconceito linguístico*, acontece ao contrário, o que observamos é que a variação linguística é usada pela mídia de maneira satirizada encoberta pelo humor que se utiliza de eufemismo para criticar as pessoas não escolarizadas e que fazem a adaptação da língua para a sua realidade cotidiana.

Usando as variações linguísticas utilizadas em algumas regiões, que alimenta ainda mais o preconceito, a mídia tem uma persuasão sobre as comunidades linguísticas e usando todo tipo de mecanismo para alavanca seu domínio comunicativo segundo sua visão de interação. Além dos instrumentos tradicionais de ensino a gramática normativa e os livros didáticos. É preciso estudar o fato da imanência da língua para que as pessoas no geral, e principalmente os professores, entendam que não existe “erro” e sim maneira diferenciada de utilização da língua.

Os chamados “erros” que nossos alunos cometem têm explicação no próprio sistema e processo evolutivo da língua. Portanto, podem ser previstos e trabalhados com uma abordagem sistemática (BORTONI-RICARDO, 2009, p. 09).

Infelizmente o próprio sistema de ensino da língua portuguesa incentiva o preconceito linguístico dentro da sala de aula, professores que não estão informados sobre essa temática cometem de certa forma esse "erro" por culpa do próprio sistema de ensino e da falta de tempo para releitura dessas temáticas, ficando preso às metodologias arcaicas de transmitir o conhecimento da língua portuguesa, acarretando, assim, o preconceito existente e que se arrasta há muito tempo nas escolas.

O espaço escolar que deve ser um local de humanização do conhecimento e das varias maneiras de manifestação do mesmo acaba sendo um laboratório da exclusão linguística, como aborda Bortoni–Ricardo no seu livro *educação em língua materna.* Ela usa um trecho do livro *Rememórias dois* de Carmo Bernardes:

> [...] um dia cheguei atrasado e dei a desculpa de que o relógio lá de casa estava "azangado". Ai o mestre entortou o canto da boca e enrugou o couro da testa e derreou a cabeça e ficou muito tempo assim de esguelha fisgando em mim, estralou:
> - o relógio está o que?!
> Ah, meu Deus... Tapei a cara com o livro, e uma coceira descomedida nas popas me pôs a retocar e a esfregar no banco, como quem tinha panhado bicho. Um menino que gostava muito de mim foi me salvar e embaraçou-se todo também:
> - ele está dizendo que o relógio da casa dele "escanchelou"!
> Mestre Frederico derreou a cabeça para o outro lado e tornou a estralar:
> - o quê!
> Ajuntou a boca no maior afinco de estancar um riso quase vertente, ínterim em que a risadagem ia entornando na sala toda. (BORTONI-RICARDO, 2009, p. 37).

Essa postura de alguns professores chega a ser preocupante, é necessário que tenhamos professores que saibam a importância de ser estudada a sociolinguística dentro da sala de aula.

Então, na tão defendida temática nas escolas da "norma culta" é mais uma forma ideológica de dividir as classes sociais que propriamente o zelo pelo ensino da língua portuguesa, isso porque ao longo do tempo foram assim definidos os parâmetros e diretrizes a disseminação da língua padrão a todos os falantes de língua portuguesa, mas esqueceram de que cada região tem sua própria maneira de utilização da língua, como também o falante, ainda temos professores que excluem de forma preconceituosa essa multiforme variação da língua, outro fator que motiva a escola ser um espaço de multiplicação do preconceito linguístico é não reconhecer a língua materna do aluno.

Bagno (2005; 2015) é um dos principais teóricos que defende a ideia do uso social da língua, segundo ele o defeito do uso da língua está no sistema educacional e não no falante.

> O grande problema está na confusão que reina na mentalidade das pessoas que atribui uma 'crise' a língua, quando, de fato, a crise existe é na escola, é no sistema educacional brasileiro, classificado entre os piores do mundo (BAGNO, 2005, p. 173).

Não basta a escola que deveria ser um lugar humanizado temos a sociedade que tem um preconceito muito grande com quem estuda, pois esses devem fazer o uso correto da língua em todas as maneiras de uso da mesma. E como já sabemos há diferenças sociolinguísticas em cada região, cada falante se expressa diferente, nossos avos falam diferente de nós, de nossos pais, de nossos amigos, etc. Acontece o mesmo na sociedade como um todo. As pessoas mais idosas, por exemplo, usam algumas expressões as quais se nós não prestamos atenção não às compreendemos, como aborda Bortoni-Ricardo (2009, p. 47):

> Uma aluna de pedagogia que trabalha de dia em casa lotérica me relatou um episódio ilustrativo das diferenças linguísticas associadas a grupos etários. Um cliente, já idoso, sempre a procurava para fazer o jogo e um dia lhe disse: "Moça, qual é sua graça?". Ela ficou sem entender e sem saber o que responder. Só mais tarde percebeu que a "pergunta era qual é o seu nome?".

Entre muitos fatores que incentivam o preconceito linguístico temos o mito da unidade da língua portuguesa, os próprios brasileiros dizem que não se sabe falar português e em Portugal é que fala bem o português, esses e outros mitos ajudam a fortalecer o preconceito com as variações linguísticas existentes no Brasil, os linguistas desde o século XIX consideram a linguagem humana de caráter articulatório, esse caráter faz da mesma um organismo vivo que se constrói e reconstrói na realidade do falante.

A língua é feita pelo falante, ou seja, não o falante pela língua, é um paradoxo, mas é uma realidade sociolinguística. A sociedade constrói um perfil sobre a questão linguística nas pessoas para elas os indivíduos devem ter uma postura de uso "correto da língua". Os gramáticos tradicionais ficaram presos à arcaica doutrina gramatical que só intensifica o preconceito linguístico.

Não é a gramática que faz a língua, e sim o falante que constrói, dinamiza e evolui a estrutura da mesma. Sabemos do quão deve ser reflexiva e objetiva essa pesquisa, é um trabalho minucioso que envolve discussão social, econômica, regional e principalmente a forma individual de conceber a linguagem de cada falante, e a escola deve ser o sujeito que conscientize essa verdade sobre a língua e sua utilização.

4. DISCUSSÕES SOBRE O ENSINO DE LÍNGUA MATERNA

Desde a publicação da teoria sociolinguística que o ensino de língua materna tem tomado outra postura em relação ao ensino-aprendizagem, principalmente quando o assunto é aula de gramática. Busca-se uma inovação ao método de aplicação do conteúdo, existe agora a análise contextualizada, ou seja, o aluno ver a gramática em sua existência concreta, que é na língua escrita.

Segundo Irandé Antunes (2007, p. 21):

> Afirma que é uma área de grandes equívocos para o ensino de língua, que 'vão desde a crença ingênua de que, para se garantir eficiência nas atividades de falar, ler e escrever, basta estudar gramática (quase sempre nomenclatura gramatical), até a crença, também ingênua, de que não é para se ensinar gramática'.

O ensino de língua mesmo tendo mudado tanto de postura ainda existe enraizada a prática de métodos tradicionais como a preocupação com a nomenclatura gramatical no ensino de língua portuguesa, e que ainda alimenta o preconceito linguístico, pois essa prática está mais que vencida, pois se observa o total desinteresse pelo alunado nas aulas de gramática. Portanto, a eficiência no ensino de língua materna consiste na leitura, escrita e fala contextualizada em sala.

Ainda segundo Irandé Antunes (2007, p. 21):

> Tamanha é a importância dada à gramática, que todos os problemas relacionados ao ensino e aprendizagem de língua se devem a ela. Contudo, sabe-se que a língua, por si só, não envolve apenas a questão de certo e errado, mas "é um ato humano, social, político, histórico, ideológico, que tem repercussão na vida de todas as pessoas".

Neste ponto segundo discutido por Antunes (2007), o ensino de língua materna não deve ser encarado apenas como uma realidade gramatical, mas como uma postura motivadora para a compreensão dos fenômenos sociais, políticos, históricos, ideológicos. Sabemos que o ensino de gramática no Brasil tomou uma atitude de exclusão linguística daqueles que não dominam em sua fala a norma padrão, sabemos que a norma padrão foi um modelo adotado por uma minoria dominante.

Os tempos vêm trazendo novas metodologias de ensino de gramática e a escola tem desempenhado um excelente papel na conscientização dessas novas práticas de ensino de língua materna.

> Isso porque toda língua tem sua gramática, tem seu conjunto de regras, independente do prestígio social ou do nível de desenvolvimento econômico e cultural da comunidade em que é falada. Quer dizer, *não existe língua sem gramática.* (ANTUNES, 2003. p. 85).

A questão não é o ensino de gramática, mas como se ensina gramática, podemos perceber que os sociolinguistas não pedem a abolição da gramática nas escolas, mas sim que adotemos uma nova postura de ensino das regras gramaticais, reconhecendo que toda língua tem sua gramática, e nessa flexibilização está a observação de que não importa a condição econômica, política e cultural da comunidade de falantes, se o modelo escolhido foi o mais "adequado", pois tudo parte do pressuposto da escola do melhor modelo.

A escola desempenha o papel de respeitar essa posição da comunidade de falantes, e não adotar uma postura preconceituosa diante da variação da língua falada na comunidade, pois o conjunto de regras que foi convencionado é escolha da comunidade, então cabe uma nova metodologia de ensino de gramática nas nossas escolas.

> É preciso ter sempre em mente que tudo aquilo que é considerado erro ou desvio pela gramática normativa tem uma explicação lógica, científica, perfeitamente demonstrável: é o que resumir com o lema 'nada na língua é por a caso'. Só por isso é que os agentes dos comandos paragramaticais podem falar de "erros comuns" (BAGNO, 2015. p. 185).

Tanto Bagno (2015) quanto Antunes(2007), afirmam que o problema não é a gramática, mas a forma como ela é ensinada em nossas escolas, e é essa metodologia que funda, cria e alimenta o preconceito linguístico nos meios sociais, excluindo comunidades inteiras da comunicação linguística pelo simples fato do uso variado da língua.

São necessárias mudanças no ensino de língua portuguesa, mas especificamente no uso da gramática, não apenas na teoria como tantas vezes já foi falado, mas sim na prática o ensino só mudará se houver um interesse de todos. Essa exclusão linguística causa danos imensos a comunidades de falantes menos favorecidas.

> É que, para que o ensino mude, não basta remendar alguns aspectos. É necessário uma revolução. No caso especifico do ensino de português, nada será resolvido se não mudar a concepção de língua e de ensino de língua na escola (o que já aconteceu em muitos lugares, embora ás vezes haja discursos novos e uma prática antiga) (POSSENTI, 1998, p.16).

Não somente Bagno (2005; 2015), mas também vários outros estudiosos ressaltam a questão do preconceito linguístico. Tomar o ensino da língua padrão como única é uma violência cultural para com aqueles que tiveram uma educação precária causada pelo fator social e econômico. Não falo da abolição, mas sim de repensa o ensino da norma culta, as classes mais favorecidas não sairiam perdendo se houvessem mudanças no ensino da gramática assim também como os falantes que não dominam a língua padrão não seriam marginalizados por não saber usar a norma culta. Por que não estimular a criatividade linguística e a discussão sobre as variantes da língua?

> [...] Dado que a chamada língua padrão é de fato o dialeto dos grupos sociais mais favorecidos, tornar seu ensino obrigatório para os grupos sociais menos favorecidos como se fosse o único dialeto válido, seria uma violência cultural. Isso porque, juntamente com as formas linguísticas (com a sintaxe, a morfologia, a pronúncia, a escrita), também seriam impostos os valores culturais ligados às formas ditas cultas de falar e escrever, o que implicaria em destruir ou diminuir valores populares. O equívoco, aqui, parece-me, é o de não perceber que os menos favorecidos socialmente só tem a ganhar com o domínio de outra forma de falar e de escrever (POSSENTI, 1998, p.18).

Bagno (2013) na sua *Gramática de bolso do português brasileiro* diferentemente de alguns gramáticos trata da questão variacionista, e nos trás a proposta de como o professor de língua materna deveria trabalhar a variação linguística em sala de aula, sem menosprezar as diferenças linguísticas, processo esse que deveria ser adotado nas salas de aula tornando assim uma discussão saudável entre classes, é um direito de cada um de nos cidadãos sabermos diferenciar uma variação de um possível "erro" já que este não existe o que existe são pessoas desenformadas por causa de um processo de aprendizagem falho onde muitas das vezes comunidades menos favorecidas são rotuladas como caipiras que não sabem falar a língua padrão.

> Vale dizer que Bagno (2013) admite a variação linguística e nesta gramática não apenas fala desta questão como também aponta os possíveis temas que um professor de língua materna deveria discutir em sala, respeitando, sempre que possível, as variações que a língua apresenta. E apesar de dizer que certas sentenças não são gramaticais, seu ponto de vista diz respeito apenas às regras internas da língua e não a um posicionamento tradicionalista que rejeita o diferente. É um posicionamento linguista que aceita outras formas de uso da língua (SOUZA, 2015, p. 13).

Com o passar dos anos observamos as mudanças em vários setores, na tecnologia, na ciência entre outros, mas e na educação como estão acontecendo essas mudanças? Uma pergunta que não que calar como esta acontecendo o processo de aprendizagem, ainda vivemos cercados pelo preconceito linguístico? Devem os professores seguindo o pensamento de Bagno (2005; 2013; 2015) discutir a necessidade de facilitar o ensino de gramática, essa nova tendência didático-pedagógica abre uma compreensão e aceitação das variadas formas de articulação da linguagem pelo aluno, trabalhando as habilidades e competências e principalmente o domínio da linguagem culta ou coloquial para comunicação.

> [...] "acredito que a aula de língua portuguesa, hoje deve contemplar os recentes avanços da linguística e da analise do discurso apoiada na teoria dos gêneros textuais ou discursos bem como na linguística textual". Essa afirmação demonstra, de modo geral, que o professor está bastante informado acerca das teorias a respeito da linguagem o que nos indica que a classe docente realmente está buscando relacionar de alguma forma os aspectos teóricos referentes á sua formação a sua atuação prática em sala de aula (NOGUEIRA, 2016, p. 75).

As teorias linguísticas têm servido aos trabalhos do professor, mas o seu emprego ainda é tímido em muitas situações. O aporte teórico da Linguística, aliada às ciências sociais, propiciaram o surgimento da Linguística Aplicada, que muitas vezes se restringia as aplicações da linguística. Nesse sentido, uma das aplicações da linguística tem se concentrado nos estudos de orientação funcionalista, tendo a sociolinguística como uma das áreas de foco.

Isso trouxe uma nova perspectiva para o ensino de gramática nas nossas salas de aulas. Os professores de língua portuguesa estão interagindo com essas novas práticas didático-pedagógicas, trazendo para o cotidiano da sala de aula, ou seja, muitos profissionais da educação estão assimilando seu conhecimento teórico linguístico ao ensino de língua portuguesa, fazendo, assim, uma nova perceptiva de ensino de gramática.

CONSIDERAÇÕES FINAIS

Ao final dessa reflexão descobrimos que a língua, assim como o homem, sofre mudanças, e precisa ser pensada e refletida a luz de um estudo cauteloso, principalmente, quando os fatos envolvem fenômenos sociais, políticos, econômicos, escolarização, entre outros que influenciam na comunicação humana.

A sociolinguística tem realizado inúmeras contribuições para uma reflexão segura da língua, seguindo as dicotomias saussurianas (diacronia/sincronia). Do ponto de vista histórico é possível ver a evolução da língua junto com a evolução social do homem, já no ponto sincrônico é possível observar a evolução dos casos estruturais da língua, que podem ser de natureza: morfológica, sintática ou semântica.

As reflexões sociolinguísticas deram conta de identificar as diferentes manifestações da língua pelo falante, então, criou-se uma cisão entre linguistas e gramáticos, os primeiros defendem os fenômenos internos e externos da língua, os segundos defendem a "norma padrão de prestígio", causando, assim, por parte dos gramáticos um "protecionismo" da língua culta e a exclusão de quem não domina essa tal língua culta.

Podemos concluir que, a pesquisa sociolinguística contribui para a construção de um novo método de ensino de língua portuguesa, um ensino que seja capaz de trabalhar as competências e habilidades de cada falante, independente da sua condição social ou escolar. Aponta também para um ensino que tenha a função de emancipar e não de podar o falante em detrimento da sua condição comunicativa.

Concluímos ainda, que é preciso implementar as pesquisas sociolinguísticas nos livros didáticos, e levar para os professores novos horizontes metodológicos, trabalhando a variedade linguística presente nos textos regionais, sem esquecer a língua padrão.

REFERÊNCIAS

BANGO, Marcos. **O preconceito linguístico**: o que é, como se faz. 38ed. São Paulo: Loyola, 2005.

BANGO, Marcos. **Preconceito linguístico**. 56ed. São Paulo: Parábola Editorial, 2015.

BANGO, Marcos. **Gramática de bolso do português brasileiro**. São Paulo: Parábola Editorial, 2013.

BORTONI-RICARDO, Stella Maris. **Educação em língua materna**: a sociolinguística na sala de aula. 6ed. São Paulo: Parábola Editorial, 2009.

MATELOTTA, Mário Eduardo. **Manual de Linguística**. 2ed. São Paulo: Contexto, 2012.

NOGUEIRA, Juarez Lins. **O ensino de língua portuguesa**: reflexões e práticas/ organizado por Juarez Lins. Recife: EDUFPE, 2016.

PAIVA, Marcelo Whately. **Introdução à linguística**. Brasília: AVM Instituto, 2011.

POSSENTI, Sírio. **Porque (não) ensinar gramática na escola?** Campinas: Mercado de Letras, 1998.

SOUZA, Adilio Junior de. O preconceito linguístico em debate: quais gramáticas descritivas usar? In: SIMPÓSIO DE GLOTOPOLÍTICA E INTEGRAÇÃO REGIONAL, 2016, João Pessoa. **Anais do I Simpósio de Glotopolítica e Integração Regional**. João Pessoa: Editora da UFPB, 2017, p. 369-386.

SOUZA, Adilio Junior de. Instrumentos linguísticos brasileiros e sua utilidade para o ensino de língua materna sob um olhar funcionalista. (Comunicação oral). In: **I Workshop de Políticas Linguísticas e Histórias das ideias sobre a Linguagem**. João Pessoa: Edição do autor, 2015 [Inédito].

SOBRE O AUTOR/ORGANIZADOR

Adilio Junior de Souza, 33 anos, natural de Ribeira de Pombal – BA, mestre em Linguística pela UFPB, onde atualmente é doutorando no mesmo programa de pós-graduação, PROLING/UFPB, especialista em Língua portuguesa e Literatura brasileira e africana de língua portuguesa e graduado em Letras pela URCA/CE. Professor Temporário de Linguística na URCA, *Campus* de Campos Sales/CE. Desenvolve pesquisas em estudos clássicos: filologia, língua grega e latina. É autor/coautor de capítulos de livros na área da Linguística. Livros de contos e poesias publicados.
E-mail: adilivs@gmail.com

SOBRE AS AUTORAS

Francisca Beatriz Rufino da Silva, 32 anos, natural de Campos Sales - CE, graduada em Letras pela Universidade Regional do Cariri (URCA, 2016), professora de língua portuguesa da rede privada, Ensino Fundamental II, na cidade de Araripe - CE.
E-mail: franciscabeatriz961@gmail.com

Ranieli de Alencar Dantas, 22 anos, natural de Salitre - CE, graduada em Letras pela Universidade Regional do Cariri (URCA, 2017), professora de língua portuguesa.
E-mail: anielialencar@gmail.com

Michele Fragoso Martins, 25 anos, natural de Campos Sales - CE, graduada em Letras pela Universidade Regional do Cariri (URCA, 2016), professora de língua portuguesa, inglês e história da rede particular, Ensino Fundamental, na cidade de Araripe - CE. Atualmente cursa especialização em Educação infantil e fundamental pela Faculdade de Juazeiro do Norte (FJN).
E-mail: michelefragoso92@outlook.com

Maria Ester da Silva, 23 anos, natural de Campos Sales - CE, graduada em Letras pela Universidade Regional do Cariri (URCA, 2017), professora de língua inglesa da rede privada, Ensino Fundamental, na cidade de Campos Sales - CE.
E-mail: ester.mary2013@outlook.com

ÍNDICE SELETIVO DE TERMOS

Milton Keynes UK
Ingram Content Group UK Ltd.
UKHW011815141223
434384UK00001B/78

9 786202 034166